立足于对外汉语教学的类推研究

陈晓宁◎著

科学技术文献出版社
·北京·

图书在版编目（CIP）数据

立足于对外汉语教学的类推研究/陈晓宁著. —北京：科学技术文献出版社，2017.3（2019.1 重印）
ISBN 978-7-5189-2377-9

Ⅰ.①立… Ⅱ.①陈… Ⅲ.①汉语—对外汉语教学—教学研究 Ⅳ.①H195.3
中国版本图书馆 CIP 数据核字（2017）第 032053 号

立足于对外汉语教学的类推研究

| 策划编辑：王瑞瑞 | 责任编辑：李　晴 | 责任校对：张吲哚 | 责任出版：张志平 |

出　版　者	科学技术文献出版社
地　　　址	北京市复兴路 15 号　邮编　100038
编　务　部	（010）58882938，58882087（传真）
发　行　部	（010）58882868，58882870（传真）
邮　购　部	（010）58882873
官 方 网 址	www.stdp.com.cn
发　行　者	科学技术文献出版社发行　全国各地新华书店经销
印　刷　者	北京虎彩文化传播有限公司
版　　　次	2017 年 3 月第 1 版　2019 年 1 月第 4 次印刷
开　　　本	850×1168　1/32
字　　　数	210 千
印　　　张	8.75
书　　　号	ISBN 978-7-5189-2377-9
定　　　价	42.00 元

版权所有　违法必究

购买本社图书，凡字迹不清、缺页、倒页、脱页者，本社发行部负责调换

前言

　　类推是对外汉语教学中重要的方法。借鉴前人研究，本书尝试从汉语自身特点及对外汉语教学特点的双重角度出发，初步建立立足于对外汉语教学的类推研究的大的理论和实践框架。本书重点对在对外汉语教学中有效运用类推的理论依据、正面作用和实践应用进行了研究，也阐述了对过度类推的看法。全书共包括6章：类推的定义及前人研究成果、类推法在当前对外汉语教学中的应用研究、利用类推法进行对外汉语教学的理据研究、利用类推法进行对外汉语教学的理论研究、对外汉语教学中的过度类推现象、利用类推法进行对外汉语教学的实践研究。

　　基础研究方面。本书从逻辑学意义的类推出发，剥笋式地阐释了语言学、第二语言教学、对外汉语教学视野中类推的定义、性质和特点。追溯了类推，尤其是语言学、第二语言教学、对外汉语教学类推研究理论和实践两个方面的历史，划分了不同的阶段，并对每个阶段的特点进行了初步总结和分析。

　　应用研究方面。本书主要采用了调查、统计、分析的方法，调查了类推性练习在4类15部教材中的分布情况，得出了一些初步结论。这些结论对于在不同课型中采纳不同形式开展类推教学及拓宽拓深类推练习的广度和深度有一定的借鉴意义和启发意义。

理据研究方面。汉语的语音系统、汉字系统、词汇系统、语法系统呈现出很强的内在类推性质，在前人研究的基础上，本书尽力对四大系统的内在类推性质进行梳理和挖掘，力求更多地了解汉语分布规律，为在对外汉语教学中开展类推教学提供理论上的支持。在这一部分，笔者结合语音教学实践，给出了利用类推法进行语音教学的若干类推式学习模型。

理论研究方面。在应用研究和理据研究的基础上，本书从教法、学法、教材3个层面，提出了类推法应用于对外汉语教学的若干原则。教法层面，本书从基本教学项目的确定、教学过程的处理、教学程序的安排、类推能力的培养、过度类推的避免5个方面出发，阐述了类推教学思想和方法的具体运用原则。学法层面，本书特别提出了规则性和灵活性相结合的学法原则。教材层面，提出教材编写时，可有意识地引入类推项目，并通过前后内容的关联，使教材具有内在的可类推性。

实践研究方面。本书提出了语音类推教学、汉字类推教学、词汇类推教学、语法类推教学的若干教学方案，并有针对性地提出了每部分需要注意的问题。这部分研究的教学实例部分来自前人研究，部分来自笔者自身的教学实践，展示性地介绍了不同教学方案的原理及操作过程。

对外汉语教学中的过度类推现象广泛存在，不可避免，过度类推的研究非常重要。换句话说，对过度类推的研究是如何发挥类推正面作用研究不可缺少的一部分。了解了过度类推的成因和易发点，在教学中才能积极、前瞻、最大限度地预防和避免过度类推的出现和干扰。本书提倡以积极的态度面对过度类推并努力把其变成学习者汉语学习策略的有效组成部分。

目录

第一章 类推的定义及前人的研究成果 …………………… 1

第一节 广义的类推 ……………………………………… 1
一、类推的定义 ……………………………………… 1
二、类推是重要的认识方法、思维方式和认知技能 …… 2

第二节 语言学、第二语言习得、对外汉语
教学视野中的类推 ……………………………… 4
一、语言学研究视野中的类推 ……………………… 5
二、第二语言习得研究视野中的类推 ……………… 12
三、对外汉语教学视野中的类推 …………………… 16

第三节 第二语言习得中类推存在的必然性和
作用的重要性 …………………………………… 17
一、第二语言习得中类推存在的必然性 …………… 17
二、第二语言习得中类推作用的重要性 …………… 26

第四节 前人研究成果 …………………………………… 29
一、基于汉语本体的类推研究成果 ………………… 29
二、第二语言习得中的类推研究成果 ……………… 30
三、对外汉语教学中的类推研究成果 ……………… 33

第五节 研究意义 ………………………………………… 43
一、有助于深化对中介语的认识即对学习者
汉语学习过程的认识 …………………………… 43

二、有助于提高对外汉语教学中教和学的双向效率 …… 46

第二章 类推法在当前对外汉语教学中的应用研究 ………… 47

第一节 类推法在对外汉语教法中的具体运用 ………… 47

第二节 类推法在对外汉语学法中的具体运用 ………… 50

一、类推原型来源的不同 ………… 50

二、阶段的不同 ………… 50

三、量的不同 ………… 51

四、重点的不同 ………… 51

第三节 类推法在对外汉语教材中的具体运用 ………… 52

一、4类8部教材的统计分析 ………… 54

二、4类7部教材类推性练习的统计分析 ………… 61

第三章 利用类推法进行对外汉语教学的理据研究 ………… 100

第一节 汉语普通话语音系统的内在类推性质 ………… 102

一、汉语普通话音节的内在类推性质 ………… 103

二、汉语普通话声母系统的内在类推性质 ………… 104

三、汉语普通话韵母系统的内在类推性质 ………… 106

四、汉语普通话声调系统的内在类推性质 ………… 109

第二节 汉字系统的内在类推性质 ………… 113

一、汉字内在类推性质表现之一：
汉字字形的系统性 ………… 114

二、汉字内在类推性质表现之二：
汉字字音的系统性 ………… 118

三、汉字内在类推性质表现之三：
汉字字义的系统性 ………… 119

第三节 汉语词汇系统的内在类推性质 ………… 124

一、汉语词汇系统存在网络性和词义系统性 ………… 124

二、汉语词汇具有范畴化和类属化的特点 ············ 129
三、汉语词缀的类推构词能力 ·················· 132
四、汉语词组与汉语语法结构关系 ················ 134

第四节　汉语语法系统的内在类推性质 ·············· 135
一、时间顺序原则 ························ 137
二、时间范围原则 ························ 138
三、整体先于部分原则 ····················· 139
四、修饰限制成分先于中心语（或语素）原则 ·········· 140
五、偏句先于正句原则 ····················· 141
六、相对先于绝对原则 ····················· 142
七、已知先于新知原则 ····················· 143

第四章　利用类推法进行对外汉语教学的理论研究 ········ 145

第一节　教法原则 ························ 146
一、重视基本项目教学 ····················· 147
二、重视教学过程的细化处理 ·················· 155
三、重视教学程序的编排 ···················· 160
四、重视学习者汉语类推学习体系的建立和
　　类推能力的培养 ····················· 162
五、尽量避免因为教法、讲解不当造成的学生
　　类推过度、类推不当 ··················· 163

第二节　学法原则 ························ 172
一、重视类推规则性和灵活性的结合 ·············· 172
二、重视元认知能力、概括能力、理解能力的培养 ······· 175
三、重视练习 ·························· 179

第三节　教材原则 ························ 181
一、重视基本性概念 ······················ 181
二、重视内在可类推性 ····················· 183

第五章　对外汉语教学中的过度类推现象 ………………… 185

第一节　对外汉语教学中的过度类推及其阶段和特点 …… 185
一、对外汉语教学中的过度类推 ……………………… 185
二、对外汉语教学中过度类推的阶段性 ……………… 186
三、对外汉语教学中过度类推的特点 ………………… 187

第二节　对外汉语教学中过度类推的成因分析 …………… 188
一、类推自身的特点 …………………………………… 188
二、汉语自身的特点 …………………………………… 189
三、教授者因素 ………………………………………… 197
四、学习者因素 ………………………………………… 201
五、教材及参考文献因素 ……………………………… 202

第三节　积极面对过度类推 ………………………………… 204
一、过度类推是类推的"副产品",不可避免 ………… 204
二、过度类推是人们深刻认识语言偏误的
　　途径和方法 ………………………………………… 204
三、过度类推也可以变为学习者积极学习
　　策略的一部分 ……………………………………… 205

第六章　利用类推法进行对外汉语教学的实践研究 ………… 207

第一节　语音类推教学 ……………………………………… 207
一、语音类推教学的具体方案 ………………………… 207
二、语音类推教学应该注意的几个问题 ……………… 213

第二节　汉字类推教学 ……………………………………… 215
一、汉字类推教学的具体方案 ………………………… 217
二、汉字类推教学应该注意的几个问题 ……………… 222

第三节　词汇类推教学 ……………………………………… 227
一、词汇类推教学的具体方案 ………………………… 228

二、词汇类推教学应该注意的几个问题……………… 239
第四节　语法类推教学…………………………………… 243
　　一、对外汉语语法"认知—类推"教学模式的
　　　　可行性………………………………………………… 243
　　二、语法类推教学的具体方案——语义分析
　　　　教学法………………………………………………… 246
　　三、运用类推法进行语法教学应该遵循的几个原则…… 248

结语………………………………………………………… 255
参考文献………………………………………………… 259

第一章 类推的定义及前人的研究成果

第一节 广义的类推

一、类推的定义

类推(Generalization),也称类比推理,是根据两个(两类)对象之间某些方面的相同或相似,进而推出它们在其他方面也可能相同或相似的思维方式和别的方面的原则。"援类而推","类"有相似之意,是"推"的基础和出发点。我们通常所说的触类旁通、举一反三,就是对类推过程和效果的形象描述。以类比推理为主的学习、研究、解决问题的方法叫作类推法,可以用于学习技能、解决问题、描述事物、规劝驳斥等生活中的方方面面。类推法简单易行,富有灵活性和创造性,是人类重要的认识方法和认知技能,也是人类学习中非常重要的、起主导作用的学习策略。

对于"类推"一词的理解,有两种看法:一种看法认为,"类推"一词来源于希腊语词"Analogia",英文翻译为"Analogy",意为"规则(Regularity)"或"部分规则(Propotional Regularity)"。另一种看法则将"类推"理解为"规则的类化使用"。Brown(2000)认为,"类推"指的是:从所学习和观察到的事物中类化和归纳出某些规律性、条理性和结论性的东西。[①] 本书采用第2种看法。据此,我们可将类推的形式和过程描述为如图1.1所示的内容。

前提条件	事物一具有	属性 A	属性 B	属性 C	属性 D
	事物二具有	属性 A	属性 B	属性 C	

↓

得出结论	事物二具有:属性 D

图1.1 类推的形式和过程

由图1.1,我们进一步细化了对类推的认识。类推是将两类事物或者情形进行比较,找出它们在某一个抽象层次上的相似关系并以这种关系为依据,将两类事物或情形进行对应与分析,从而获得对另一个事物或者情形的知识和认识。"规则所由来的那个过程是在比较事实的同时创造规则然后再适用规则"[②],类推的关键和难点在于考察事物之间的相似性。

类推与联想有关。联想是由一种经验想起另一种经验,或由已想起的一种经验又想起另一种经验。按本质来说,类推就是一种联想,是一种由过去的经验而引起的推理,这种推理可以是不自觉的心理行为,也可以转化为学习过程中的逻辑性行为。

二、类推是重要的认识方法、思维方式和认知技能

(一)类推是人类重要的认识方法

从本质上讲,人类的所有认识活动都是以普遍知识系统为出

---

① 罗立胜,张宵宵,王立军.试论"过度类推"观点与"过度类推"现象[J]. 外语教学,2006,27(2):48-50.
② 朱良好.论诠释学视域下的类推理论[J]. 昆明理工大学学报:社会科学版,2008,8(9):12-16.

发点的认识和推论。作为人类认知结构的重要组成部分，普遍性知识指导并支配着人类的一切认识活动，是人类认识世界的前提。"知识的发展总是需要最低限度的共识作基准，假若世界真的采取了拒绝性立场，知识活动是无论如何也发展不到今天这个样子的。没有了抽象相似问题的指引，没有了对不同事实（事件）进行参照和对比意义的可能性，知识就无法为他人选择所用，它的扩展自然受到限制。"①

用"已知"推导出"未知"，是认识方法的类推。

（二）类推是人类重要的思维方式和认知技能

当代隐喻认知理论认为，人类的整个思维模式在很大程度上是隐喻性的，即借助一个已知的认知域去类比、认识和理解另一新的认知域。而相似性和类推性是隐喻的特征。韦伯斯特词典上关于隐喻的阐述是："隐喻是辞格的一种，通常通过一个词或词组以一事物替代另一事物，并以此暗示两者之间存在一种相似性或类推性；是一种凝练的明喻，明确揭示一种隐含的比较。"②

"人们为了解释某种事实或者原理（B），最简洁的就是找出另一种与之相似的事实或者原理（A），通过类比推理来举一反三、触类旁通，从而在已有的知识、经验的基础上，经过有目的地搜索，将自己熟悉的基础范围的特征或因果关系，影射到自己不熟悉的目标范围上，在一个深层次的上位范畴中，在'镜像'式的比较中，进行因果关系的重新组合。"③ 类比推理的简洁性

---

① 周建国. 类推与植入：一种社会研究方法论探讨 [J]. 上海交通大学学报：哲学社会科学版, 2006, 14 (3): 29-34.

② 石永珍, 陈曦. 隐喻类推的跨域重组与英汉词义变化 [J]. 山西大学学报：哲学社会科学版, 2008, 31 (1): 86-88.

③ 张晓芒. 类推论辩中的非逻辑因素影响 [J]. 佳木斯大学社会科学学报, 2004 (2): 104-106.

特点使人们在认识活动中，总是有意无意地将新接触的概念、范畴和已知概念、范畴相联系，找到新旧之间的关联，从而获得对新概念、新范畴的理解，这就是隐喻类推的思维方式。

中国古语中"己欲立而立人，己欲达而达人""己所不欲，勿施于人""兼相爱，交相利"等也是类推在逻辑思维方式上的体现。

第二节　语言学、第二语言习得、对外汉语教学视野中的类推

语言类推是人类类推思维方式和认识方法在语言中的具体体现。

作为人类最重要的交际工具，语言的学习、使用中同样存在着大量的类推现象。英语词汇的屈折演化就是在类推机制的作用下，从一套具有完整的词尾屈折变化的综合性语言系统，逐渐演化为仅具有简单的、规则的屈折变化的分析性语言系统的过程。屈折是通过增加表示数、体、格等的屈折词缀来展示句中词语的语法关系的过程。以英语名词为例，在名词的屈折演化过程中，类推机制极大地影响了词形变化的数量，使名词的屈折变化更加简单、更加规则。英语中原来有单数、双数、复数3个"数"，后来双数形式消失，只有单数和复数。"-s"是复数的标记，用有无"-s"表现单、复数的对立。这种简化带来了问题：一些原来有"-s"的单数名词很容易被类推解释为复数，为了区别，人们在语言使用的过程中以类推的方式另外创造了一些单数名词。如古英语中的 Redels（谜语）是单数，在类推的作用下演变为 Redel，进而发展为现代英语中的单数形式 Riddle。再如 Burriels（埋葬，单数）一词通过类推的方法，根据 Funeral（丧事）一词，重新创造了其单数形式 Burial。

第一章 类推的定义及前人的研究成果

语言是无限集合，为了使纷繁复杂的语言文字有章可循、有规可遵，人们有意无意间总会依据某种尺度，简化、规整那些不利于认知和习得的似乎不规则的现象，尽可能地减少特例，推广通则，推动人类语言向着更加利于学习和交际的方向发展。各民族的语言类型和文字特点不尽相同，其类推或类化的情况也会不同，但是让语言向着简约、经济、实用的方向发展，却是各民族语言文字共同遵循的原则。

语言发展的历史，实际上是人类对语言认识不断深化的历史。认识到语言本身存在"类"，并且可以援类而"推"是人类"推广通则"的心理基础和理论基础。认知语言学认为，语言结构特别是语法结构和人们对客观世界的认识有相当程度的对应或相似（Iconicity），也就是说，在一定程度上，语法结构是人的经验结构的模型。如汉语中名词、量词、形容词的重叠大多表示数量的增加或程度的加深，就是语法结构和人的经验结构之间的对应。再如任何语言都存在从语素到句子的"类"，比如汉语的形声字，英语的性、数、格、体、态等。正是这些客观存在于语言中的"类"为类推在语言中的实现提供了可能。

一、语言学研究视野中的类推

（一）研究历史

语言学视野中的类推，也称为类比推理、类比、类推机制。对于类推的研究可以分为5个阶段。

1. 第1阶段：古希腊时期

在这个阶段，语言类推得到了初步阐述。公元前4世纪，希腊亚里士多德和斯多噶派涉及古代语言学的第二个论争就是有关语言类比（推理）的论争。亚里士多德派主张类比论，认为"词形变化系列的规律性"和"形式和意义联系的规律性"这两大类比是语言形态的核心。①

2. 第2阶段：19世纪语言学独立初期

在这个阶段，历史比较语言学家们开始借助类推解释语音、词汇、语法形式等方面的历史演变规律，他们认为类推是使语法中的例外形式变得整齐规则的过程。①

3. 第3阶段：19世纪后期

如前所述，虽然关于语言类推的思想早在古希腊时期已有反映，但是直到新语法学派对类推进行分析阐述和积极推广时，类推现象才引起了人们的广泛关注。新语法学派的主要代表人物有布鲁格曼（Karl Brugmann）、莱斯琴（August Leskien）、保罗（Hermann Paul）、德尔布吕克（Berthold Delbruck）。在新语法学派出现以前，历史比较语言学的主流研究范式是自然主义，把语言看作自然界的有机体，其生长、成熟和死亡具有独立性，独立于使用者的愿望和意识，因此，可以用自然科学的方法对语言进行研究。19世纪前半期，历史比较语言学在取得了辉煌成就的同时，也因为基础理论的不足和缺乏使得对活的语言的研究走入了困境。

新语法学派的出现引发了历史比较语言学研究范式的革命。该学派的主要理论原则有语音变化无例外原则、类推原则、历史主义原则等。新语法学派认为，除了语音变化，语言发展中的另一主要动力就是类推变化；类推是语言形式创新的重要推动力，无数的语音变化都是心理类推的结果；语言形式不是各自孤立地存在于说话人的头脑中的，它们彼此之间相互联系，类推正是通过心理上的联想把本来相似的东西变得更加接近，是说话者无意识地依照语言中某些词的形式变更另一些词的形式或创造新词的

---

① 程丽霞. 语言接触、类推与形态化［J］. 外语与外语教学，2004（8）：53-56.

一种语言现象。新语法学派以雅典城邦希腊语中的一对反义词 prosthen（在前面）和 opisthen（在后面）为例，认为 opisthen（在后面）的早期形式中是没有"s"的，其中的"s"就是用类推的原则加上去的。新语法学派认为，语言发展的动力就是语言变化和类推变化。

类推原则是新语法学派语言理论中的一个很重要的原则。保罗在《语言学史原理》第 10 章中曾特别加以详细讨论。法国的亨利（Henri）曾出版《类比》一书专门阐述了类比的作用和意义。①

丹麦比较语言学家 H. 裴特生（H. Pedersen）在《十九世纪欧洲语言学史》中说："我们还得把内在的力量看得更重要些，因为这些力量就在语言本身，会跟规律性的语音发展发生对抗或抵消作用的。这些内在的力量里最突出的便是'类推'，就是仿照语言里其他词的词形重新改造，或构成新的词和词形。"②

新语法学派对类推原则的坚持与他们的语言观密切相关。与传统历史比较语言学相比，新语法学派的研究具备两个显著的特点：一是研究对象的转变。新语法学派的研究范式一改对书面语"自然主义"式的研究，更多地关注"活的语言"，关注说话人主动的语言交际活动。新语法学派的学者认为，语言不是脱离人而独立存在的，之前语言学研究语言过多，对人的研究太少，而类推规律正是建立在说话人语言活动主动性的基础上的。二是研究重点的转变。新语法学派认为，不能只重视语言物理方面的研究，更应该重视语言心理方面的研究，因为"语言不是游离于人们之外，凌驾于人们之上，为自身而存在的现象。语言实际上

---

① 费尔迪南·德·索绪尔. 普通语言学教程 [M]. 高名凯，译. 北京：商务印书馆，2001.

② 王玉鼎. 论汉语词语的类推变化 [J]. 西北大学学报：哲学社会科学版，2003，33（1）：118-122.

只存在于个人之中,因而语言生命中的一切变化,只能来源于说这种语言的人"。① 新语法学派的代表人物保罗将心理因素看作整个文化发展中最本质的因素,认为心理学是一切人文科学的基础,类推是有心理根源的。

新语法学派类推原则的提出对语言史的研究产生了积极影响,不仅为语言变化中一些无法解释的音变规律提供了合理的解释和解释路径,也将解释性的思想和方法融入了语言研究之中,帮助人们认识到语言学的研究不能只局限于对历史事实的研究,还应着眼于理论解释。

4. 第4阶段:20世纪初

这个阶段以索绪尔(Ferdinand de Saussure)及结构主义语言学派的类推研究为主。

新语法学派的理论对现代语言学奠基人索绪尔的语言学观点有着深刻的影响。索绪尔起初是新语法学派的成员,对新语法学派理论的深刻理解使他洞察到了其理论的不合理之处,并进而引发了语言学界的又一次范式革命——结构主义语言学的创建。在对新语法学派反思、批判的过程中,索绪尔形成了很多和新语法学派针锋相对的语言学思想和理论。在类推心理根源的研究上,索绪尔认识到,新语法学派的出发点是个人主义和心理主义,对个人语言中孤立事实的研究,导致新语法学派在语言本体研究方面难以深入。

索绪尔继承、修正、发展了新语法学派的观点。1906—1911年,索绪尔在日内瓦讲授的3次课程中都提到了类推机制。他认为,"音变和类推"是促使语言变化的两大因素,"词的外表上的正常变化,凡不属于语音性质的,都是由类比引起的"。索绪

---

① 闫小斌. 历史比较语言学新语法学派理论的影响[J]. 内蒙古农业大学学报:社会科学版,2007,9(5):349-351.

尔指出，类推的最明显、最重要的效果就是用一些比较正常的、由活的要素构成的形式代替旧有的、不规则的和陈腐的形式。类推本身虽然不是演化的事实，但是每时每刻都反映着语言体制中发生的变化，用新的结合认可这些变化，它和一切不断改变语言结构的力量进行有效的结合。正因为如此，它是演化的一个有利因素。索绪尔认为类推是语言创造的原则，也是革新和保守的原则，这一思想将类推和整个语言结构、语言演变发展的规律紧密联系在了一起。[①]

索绪尔论述了类推的形成和作用，认为类推必须有一个模型及对此模型的有规则的模仿。"类比形式就是以一个或几个其他形式为模型，按照一定规则构成的形式"。[①] 音变往往产生不规则，而类推恰恰相反，总是产生规则现象。索绪尔把模仿的程序归结为一个四项比例式（即保罗比例式[②]）：

由 oratorem : orator = honorem : X（四项比例式），

可以得出 X = honor[③]。

举例来说，

由 dog : dogs = cat : X，

可以得出 X = cats。

采用四项比例式来解释借助类推构成新词的方式是新语法学派惯用的方法，这一学派的每一位成员都曾用它来解释语言变化的现象。

索绪尔还认为，类比作用有利于规则性，有利于消除分歧，

[①] 费尔迪南·德·索绪尔. 普通语言学教程 [M]. 高名凯, 译. 北京：商务印书馆，2001.

[②] 采用四项比例式来解释借助类比构成新词的方式，是新语法学派惯用的方法。这一方法由保罗推广后在语言学中曾被广泛应用，所以四项比例式又称"保罗比例式"。

[③] 孙慧增, 任宇红. 类推在二语习得中实现的理据及其意义 [J]. 沧州师范专科学校学报，2006，22（4）：90-91.

倾向于划一的构词和曲折的程序，但有时也反复无常。他列举了德语、希腊语的一些不规则词汇，认为这些词汇就是"由于某种原因抗拒了类比作用的形式"，所以人们"不能预言一个模型的模仿会扩展到什么地步，或者什么样的类型会引起大家的模仿"。① 索绪尔的这部分观点是对过度类推和类推失灵的最早阐述。

类推理论在结构主义的发展和演变中始终是一个关注点。结构主义语言学的继承者布龙菲尔德在《语言论》中强调了类推与语义结合、词形变化及含义的紧密关系，他认为最有利于类推形式的基础是具有某种明确的派生类型。布龙菲尔德之后，美国描写语言学派的后期代表人物霍凯特在其《现代语言学教程》中也论述了类推现象，并指出了类推与语义、语法、词形、节律、音位等之间的关系。②

5. 第5阶段：当代研究

相似性或类推性是隐喻的主要特征。当代隐喻认知理论认为，人们隐喻类推的思维方式，在语言领域就形成了词义的变化过程。词义的变化过程是一个隐喻投射的过程。在投射过程中，源域（Source Domain）的图式与目标域（Target Domain）的内在结构保持一致，源域的结构投射到目标域的结构上，投射完以后，意象图式从源域跨越到目标域，目标域便有了与源域相同的意象图式。隐喻类推过程就是概念意义的跨域重组过程。隐喻类推是人类特有的思维方式的体现，这种通过事物间相似性类比推理的思维方式造成了词义的活用和变化。③

---

① 费尔迪南·德·索绪尔. 普通语言学教程［M］. 高名凯, 译. 北京: 商务印书馆, 2001.

② 江青松. 论语言类推的实现［J］. 语文学刊, 2003（3）: 55-56.

③ 石永珍, 陈曦. 隐喻类推的跨域重组与英汉词义变化［J］. 山西大学学报: 哲学社会科学版, 2008, 31（1）: 86-88.

(二) 研究意义

语言的类推变化是一种普遍存在的语言现象,研究语言的类推机制有助于我们揭示语言的体系、构造及语言运用的普遍规律。百余年来,类推机制在语言中的作用始终受到研究者的关注。

俄罗斯心理语言学家鲁利亚(Лурия А. Р.)认为,任何类比都以联想和概括为前提,类推是在联想和概括的基础上开始的,是根据语言单位在形式和意义等方面的相似性进行的。这种机制的运行一定要求语言使用者在先前对某一个(或几个)词语单位积累类似的知识,在认知语言学上称之为原型。通过类推这种机制,人们能够对语言单位的认知更加迅捷。鲁利亚还认为,类推可以分为类推成功和类推失灵。类推获得成功,人们便可以按正常的理据性(形式和意义等方面的联系)对词语单位进行识记;如果类推失灵,语言使用者则会自觉思考,探索类推失灵的原因,并在此基础上加深对材料的认识,从而建立新的类推模式,直到形成正确的类推为止。联想是通过视觉和听觉的接受,掌握并快速记忆词汇单位的有效手段,在类推基础上概括总结的语言材料,在记忆中则会更加巩固,更加便于运用。[1]

类推在语言中的作用也是多方面的,在语音、词汇、语法、语义、语用等各个层面,类推都有充分体现。在一些较新较前沿的领域,如语言与心理、语言与社会的关系等研究中,类推也具有积极的阐释作用,为其提供了有效的理论支持和研究路径。

---

[1] 张金忠. 语言的类推机制与俄语教学 [J]. 黑龙江高教研究, 2008 (3): 161-162.

立足于对外汉语教学的类推研究

二、第二语言习得研究视野中的类推

（一）第二语言习得中的迁移

类推不等于迁移。在第二语言习得中，类推是迁移发生的具体形式之一，或者说，是类推这种思维方式和认知方式的存在帮助学习者完成了语言学习过程的迁移。

任何成功的学习都是一个在原有知识和经验的基础上不断积累和提高的过程。认知心理学认为，所有有意义的学习都包含着迁移，人只要学习就会产生学习的迁移。学习迁移是指一种学习对另一种学习的影响，也指已经获得的知识经验对完成其他活动的影响。迁移不仅发生在知识和技能的学习中，还体现在情感、态度、行为规范的形成中；有时表现为先前学习对后继学习的影响，有时则表现为后继学习对先前学习的影响；这种影响可以是积极的也可以是消极的，积极的迁移能给学习带来事半功倍的结果，消极的迁移则会阻碍学习的顺利进行。由于学习既包括知识、技能、能力的学习，也包括情感、态度、行为规范的学习，因此，迁移广泛存在于各种知识、技能、行为规范与态度的学习中，不仅存在于某种经验内部也存在于不同经验之间。迁移，沟通了各种经验，整合了各种经验结构，由于迁移的作用，人类的习得经验以各种方式相互联系了起来。

具体到第二语言学习，迁移无处不在。它影响着学习者的学习动机、学习心理、学习策略及学习方式方法等诸多方面。在语言学习的具体环节，无论是由母语及目的语的初级阶段，还是目的语规则有过度泛化可能的中高级阶段，迁移都在发挥着正负两方面的作用。本书所探讨的"类推"仅涉及在第二语言习得范畴，学习者在获得语言知识过程中所采用的具体的迁移方式和方法，概括来说，这种迁移是以类推的形式呈现的。

(二) 第二语言习得中的类推

从教育科学的角度来说,学习和利用类推,是一种最基本、最普遍的认知形式。启发式教育方法的核心就是类推。大多数第二语言习得者是成年人,具有较为成熟的归纳和类推能力,于是归纳和类推就成了他们在第二语言习得中使用最多的学习策略。在学习中,这些成熟的学习者会主动归纳,并概括出一些规则。如果目的语的某个语言项目和母语的某个语言项目存在某个属性上的共同点或联系点,目的语的某两个或者更多的语言项目在某个属性上存在共同点或联系点,学习者就会利用这个共同点和联系点做出判断:两者或者多者在其他属性上也具有共同点,进而将自己的类推判断应用于语言实践,这就是第二语言习得中的类推。

第二语言习得中类推的形式和过程可以描述为如图 1.2 所示内容。

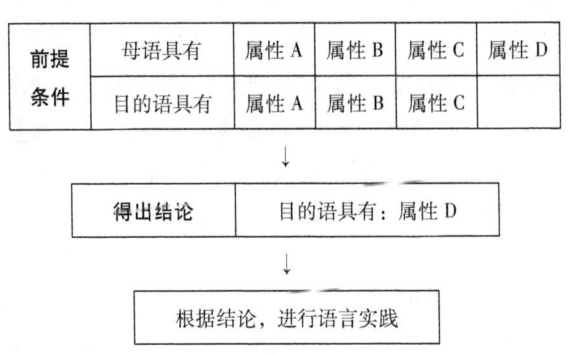

图 1.2 第二语言习得中类推的形式和过程示例 1

或者描述为如图 1.3 所示内容。

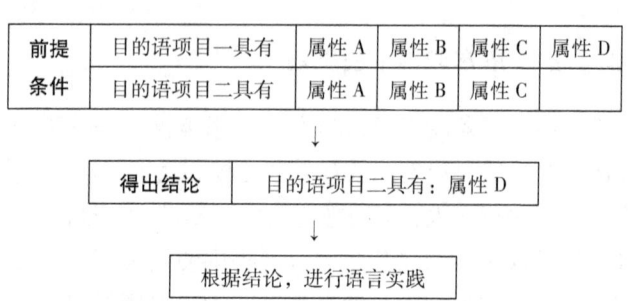

图1.3　第二语言习得中类推的形式和过程示例2

(三) 第二语言习得中的过度类推

20世纪80年代初期，从事第二语言习得研究的学者在"类推"的基础上，提出了"过度类推"（Overgeneralization）的观点。Dulay Burt 和 Krashen（1982）对"过度类推"的解释是，"语言学习者将目的语的语法规则运用推广到不应有的范围。"例如，用mans代替man的复数形式men。另外，一些学者对"过度类推"的起因进行了积极探讨，如Theo Van Els等（1984）将"过度类推"看作是语言误差的4个变量之一，尤其体现在不规则名词的单复数和不规则动词的形式上。D. Lott在1988年的《英语语言教学杂志》上发表论文，将"过度类推"归于"负迁移"现象，指出由于第二语言中的某些语言现象具有第一语言的某些特征，因而常常被学习者误用，产生"过度类推"。[①]

学习者总是主动地把接触到的一些语言事实进行归纳整理，从特殊到一般，得出总结性的经验规则，在遇到新的相似的语言现象时就运用自己归纳的规则进行类推。当概括的结论与目的语规则一致的时候就能产生正确的目的语表述；当概括的结论超出

---

① 罗立胜，张宵宵，王立军．试论"过度类推"观点与"过度类推"现象[J]．外语教学，2006，27（2）：48-50．

第一章 类推的定义及前人的研究成果

目的语规则所允许的限度时,类推就会出现偏误,形成过度类推。

过度类推是学习者主动先归纳再类推的心理过程,可以表示为如图 1.4 所示内容。

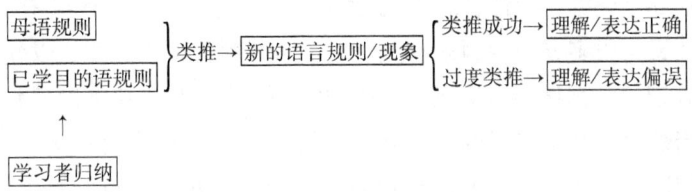

图 1.4 第二语言习得中过度类推的过程

过度类推在第二语言习得过程中几乎是不可避免的。

类比推理(类推)不同于演绎推理和归纳推理。三者的不同可以这样表示:

演绎推理:一般→个别;

归纳推理:个别→一般;

类比推理:个别→个别(两个事物属性之间进行的类推),
　　　　　一般→一般(两类事物属性之间进行的类推)。

演绎推理和归纳推理的结论都是必然的,而类推的出发点是两个或者两类事物的相同点或者相似点。"相似"本身就不是一个精确的概念,什么是"相似"的?两者之间具备什么样的条件才能称为"相似"?这些判断的本身就带有或多或少的主观随意性。类推对象的层次及被选择作为类推原型的一方、类推使用者的背景知识、类推的目的及概括能力等的不同,使类推难以建立严格的推理规则,结论相对于前提具有较大的自由度,因此,类推的结论往往不是必然的而是或然的。

事物之间的差异性也是类推结论或然性的根源之一。事物之间总是有差异的,不同事物存在的本身就已经说明了这种差异。

立足于对外汉语教学的类推研究

这种差异的客观存在,使得类推过程的可信度大大降低,根据部分相同属性推出其他属性也相同就不具有必然性了。

语言系统本身是一个相对平衡又不断变化的"亚稳体",在漫长的演变过程中,有些类的成员运动速度不够一致,这些类也就不那么整齐了。语言各类的运动速度可能与其运动惯性有关,惯性又与很多方面的因素有关。以语言材料为类推原型,以此获得对新的语言材料的认识,是在相对平衡中寻找规律,过程和结论当然也不会是绝对的。此外,语言现象还有延伸段和交叉段。延伸段是"语言现象的运动到一定的阶段会发生比较大的变化,这个阶段里既有前一阶段的性质又有了一些变化"。① 因为延伸段的存在,于根元认为,"语言运动的情况是不能无穷尽地类推的"。① "交叉段是指不同的语言现象的运动在某些情况下发生交叉,在交叉段里有混用的情况,有些混用也没有什么关系,有些混用会影响交际度"。"语言研究的就是语言运动中的个性和共性"。①在语言研究中,我们看到的往往是表层的共性,对处于下位的、不那么明显的一些个性及不同认识不足,对延伸段、交叉段的变化认识不足,体现在研究方法上,就是对类推过程的复杂性认识不足。

本书将在后面章节中就过度类推和过度类推现象,以及如何正确地看待、规避、利用过度类推等进行阐释,此处不再赘述。

三、对外汉语教学视野中的类推

现阶段的对外汉语教学仍以成年人为主要教学对象。"成年人学习语言的重要特点之一,就是善于类比"②。在学习中,成

---

① 于根元. 应用语言学教程[M]. 北京:华语教学出版社,2008.
② 赵金铭. 对外汉语语法教学的三个阶段及其教学主旨[J]. 世界汉语教学,1996(3):76-86.

年学习者学会了一条语法规则或者理解了一个语言模式，就会比照着造出各式各样的句子，这样就形成了对外汉语教学教与学环节中大量存在的类推现象。本书研究的对外汉语教学中的类推现象采用广义定义，不只研究类推作为一种思维方式在汉语学习中的正面作用和负面效应，也研究类推在汉语教授、学习、教材编写、教学方法设计等环节的广泛存在及理论机制和实践过程。

第三节　第二语言习得中类推存在的必然性和作用的重要性

一、第二语言习得中类推存在的必然性

（一）由语言的特点决定

1. 语言系统自身的特点为类推的实现提供了可能

①语言系统具有无限性。每种语言都是句子的集合。含有有限个元素的集合叫作有限集合；含有无限个元素的集合叫作无限集合。自然语言集合是一个含有大量元素的无限集合，元素间的组合数目难以统计。

②语言系统具有离散性。从物理学角度看，人们说话时，声学参数如音高、音强等在时间上是连续不断的。但从心理学角度看，句子可以分割为一个个不连续的成分，这些成分在时间的纵向链条上还可以反复出现。正是因为句子具有离散性，我们才可以用字母或者文字来记录它们。每种自然语言都可以使用数目有限的字母构成数目无限的字母序列，也可以使用数目有限的音位构成数目无限的音位序列。

③语言系统具有层次性。无论长短，句子总是由一些可以分

割的单位组成。单位和单位之间呈现的是两种关系：线性关系（各单位依次排成序列）和层次关系（大的单位→较小的单位→更小的单位→……）。

正是由于上述特点的存在，语言具有了生成性、多产性和规律性的特点。其中，规律性既是交际的需要，也是交际工具必须具有的特征。在语言发展的漫长过程中，规律性趋势和抵抗这种趋势的反作用之间的矛盾虽然如影随形，但其主流态势依然是有规律和有条理的。而在规律化和条理化的进程中，类推起着举足轻重的作用。

要实现语言类推，必须要先有个"模型"，这个模型就是"类"，类是推的依据和出发点。在语言系统中存在着从语素到句子的许许多多的模型范畴（类）。英语中性、数、格、体、态等语法范畴就是这样的模型范畴（类）。

李宇明认为，现代汉语近10年来新产生的大多数词语都有一个现成的框架背景，这框架就像是造词模型（简称"词语模"）一样，能批量生产新词语，并使其所生产的新词语形成词频。[①]

李仕春认为："人们在认知上通过隐喻的方式找出不同的事物之间的相似性后，必然会把用于某一事物的名称类推到与该事物具有相似性的其他有命名需要的事物身上，这就是类推在新词语流传过程所起的作用。"[②]

新词新语的形成是语言类推的结果。语言的结构模型就像一个个潜在的磁场，以类推的方式把那些暂时游移却具有内在关联的语言现象聚集在了一起。类推在新词语产生和流传中的这些作

---

① 李宇明．词语模［C］//邢福义．汉语法特点面面观．北京：北京语言文化大学出版社，1999．

② 李仕春．"类推"在汉语新词语产生和流传中的作用［J］．语文学刊，2005（9）：23–25．

用，体现了语言的经济性原则，是词义丰富发展的需要，也能减轻语言学习中认知、储存、记忆的负担。

2. 由学习者对母语的利用和依赖决定

学习本族语和学习外语区别很大。首先，学习外语的人已经掌握了本族语的基本词汇和句法规则；其次，他们能阅读本族语并能理解陈述的命题。因此，这些学习者是带着已经固定在自己的思维系统和语言系统中的本族语来学习外语的。认知心理学认为，学习者特别是成年学习者，在学习任何一种第二语言之前，头脑中已存在了许多图式（即认知结构），他们的学习过程并不是在白纸上作画。德国英语教学法教授 Butzkam 有一个很好的比喻："母语不是一件外衣，学习者在踏进外语教室之前可以将其脱下，弃之门外。"[①]

以汉语为第二语言（第三语言……）学习的学习者总是不可避免地受到母语的影响。徐子亮对60名来华汉语学习者的汉语学习策略进行了调查和分析。"在接受信息——听或读时，翻译成母语再理解的学生占调查总数的75%；在表达——说、写时，先用母语构思再翻译成汉语的占调查总数的85%。"徐子亮认为："借用母语是外国学生所运用的一种很主要的汉语学习策略。"[②]

以韩国学习者学习汉语为例。汉语普通话有21个声母，39个韵母，4个声调；韩语有19个辅音，21个元音，没有声调。从声母看，可以发现汉韩两种语言存在这样一些一一对应关系，如表1.1所示。

[①] 郭铭华. 论母语在外语课上的作用 [J]. 外语与外语教学，2002（4）：24-27.

[②] 徐子亮. 外国学生汉语学习策略的认知心理分析 [J]. 世界汉语教学，1999（4）：75-85.

表1.1　汉韩两种语言在声母上的对应关系

汉语	b [p]	p [p']	d [t]	t [t']	g [k]	k [k']	n [n]
韩语	ㅂ [p]	ㅍ [p']	ㄷ [t]	ㅌ [t']	ㄱ [k]	ㅋ [k']	ㄴ [n]

从单元音韵母看，存在这样一些基本对应关系，如表1.2所示。

表1.2　汉韩两种语言在单元音韵母上的对应关系

汉语	a [a]	o [o]	i [i]
韩语	ㅏ [a]	ㅗ [o]	i [i]

这样，借助自己的母语，学习者可以很快掌握和韩语相同、相近、相似的汉语发音。学习者利用母语进行汉语学习主要有如下方面。

①利用母语注音；②利用母语释词；③利用母语理解、掌握汉语的语法形式、结构等；④把母语作为理解的中介：在理解汉语时，先将汉语转化为母语，而不是直接理解；⑤把母语作为表达的中介：在用汉语表达前，先用母语构思和准备，再"翻译"成汉语。

学习者对母语的利用和依赖具有阶段性。初级阶段的学习者往往较多地、多角度地借用母语。到了中级阶段，对母语的利用程度大为降低，主要体现在解释词语、对比语法、语义、语用规则等方面。高级阶段的学习者已经可以用汉语直接进行一般性归纳和思维了。

此外，以类推为主要发生形式的语言项目学习中的迁移内容，也来自学习者的自主选择。有研究表明，母语向目的语的迁移具有选择性，这种选择基于学习者对母语典型性的心理认知，在其不自觉的情况下发生和进行。Kellerman（1977）的典型理论假说认为:"学习者对母语结构有一种直觉,这种直觉告诉他们一些结构具有潜在的可迁移性,而另一些则不可迁移,这种直觉影响他们实际迁移的形式。""二语学习者不迁移非典型的母语形式和语义,因为他们相信'语言的合理性''力求保持习得二语的透明性'——这是母语迁移的原则。"① Kellerman 等的研究显示,学习者对哪些母语特征可以迁移、哪些不可以迁移有着一个衡量的尺度,直觉告诉他们一个范畴中的非典型成员或有标记特征的往往不可迁移。

学习者对于母语的利用和依赖,也使类推成了必然。

(二) 由学习者的特点决定

1. 由学习者的思维方式决定

思维是指以比较、分析、综合等途径来认识世界的方式。事物存在的"有序"性实际上就是事物内在的规律性。人类的思维是人脑对客观事物的本质属性及其内在规律的反映,也就是说,思维就是人类探索和揭示事物内在规律性时的心理活动。

思维具有间接性。了解事物的本质属性和规律,思维必须借助一定的中间媒体和相应的知识经验。思维间接性的存在,使人类摆脱了对一事一物认识的局限性,帮助人类的认知能力突破了时空的限制。

思维具有概括性。思维对事物的本质反映总是全面的、整体的。具体表现在两个方面:思维总是把某个事物或者某类事物的所有的共同的本质特征全部抽取出来加以综合地反映;思维也反映事物之间内在的联系和规律。

一切科学的概念、定义、定理、规则都是思维概括的结果,

---

① 梁改萍,冯小钉. 标记性及其在母语迁移中的作用 [J]. 平原大学学报,2006,23 (6): 97-100.

立足于对外汉语教学的类推研究

是人脑对客观事物的概括的反映。通过某一媒介物,人类可以掌握那些未经亲身体验的事物,还可以推测事物发展的进程、结果等。

认知心理学研究表明,在人们的思维活动中,类推因为受前提制约的程度较小,应用简洁、高效、实用,在科学发展、技术发明、文学艺术等领域显示出了其卓越的创造性功能。

语言与思维不可分离,思维是语言的基础,语言是思维的载体。因为类推具有如上所述的优点和功能,人类在构建语言系统时就积极地吸纳了类推这一思维模式。这种情况在第二语言系统构建中同样存在。在汉语学习中,成年学习者利用自己的归纳推理能力,发挥类推的正面作用,往往能取得事半功倍、举一反三、一通百通、百通一通的效果,迅速提高自己的汉语水平,并能够获得较大的成就感。

以对外汉语教学中反义属性词的教学为例,学习者在掌握了一定数量的单音节反义词后,就会开始创造,如由"发短信"创造出"发长信"、由"高级汉语"创造出"低级汉语"、由"他很低能"创造出"他很高能"等。

孟凯(2009)等针对此类问题进行了一次反义形容词的问卷调查,调查对象为来华的汉语学习者。① 调查问卷包括如下两种题型。

(1)请在( )内写出反义词(如果你认为有两个或多个,请都写出)

①大——(小)　　快——(慢)　　母——(父)
　新——(旧/老)　老——(新)　　西——(东)

(2)请在( )内写出句子中画线词的反义词(如果你认

---

① 孟凯. 留学生反义属性词的类推及其成因 [J]. 汉语学习, 2009 (1): 89-96.

为有两个或多个，请都写出）

②叔叔和姑姑是（父系）亲属，姨妈和舅舅是母系亲属。

③大量的学习用品不断地涌向市场，其中，只有（少量/＊小量）质量不合格。

④麦克得的不是慢性胃炎，而是突然发作的（急性/＊快性）胃炎。

⑤西式服装不太适合东方女性，（中式/＊东式/＊亚式）的旗袍更符合中国人的审美观。

⑥我们分析了课文中的正面人物，下面我们再看看（反面/＊负面/＊后面/＊背面/＊侧面）人物的表现。

⑦你的行为正面影响一点儿没有，（反面/＊负面/＊后面/＊背面/＊侧面）影响却不小。

⑧口头表达很重要，（书面/＊纸上/＊书试/＊笔试/＊文书/＊口尾）表达也应该重视。

括号中的内容为被调查留学生填写的答案。题①，大部分被测试的留学生都能准确写出测试词[①]的反义词；题②到题⑧，出题者给出了语境以帮助留学生更好地理解词义，"可以看出，在构造双音反义词时，留学生明显地利用了构词语素的反义关系进行了类推。类推词对错皆有，甚至有汉语中根本不存在的非词二字组（如题⑤中的'东式/亚式'），类型也各不相同。可见，在汉语作为第二语言的学习过程中，在尚未建立起目的语语感的情况下，类推机制在留学生生成反义复合词时起着不可忽视的作用。"[②]

错误类推、过度类推、无效类推，同样是学习者积极的语言实践，只要能得到及时纠正，学习者就会建立新的类推模式，继

[①] 问卷样题中的画线词语为"测试词"；接受测试的留学生所填的词语称为"类推词"，无论对错和是否成词。

[②] 孟凯. 留学生反义属性词的类推及其成因 [J]. 汉语学习，2009（1）：89–96.

续进行尝试。习得第二语言的过程是不断进行假设并检验的过程。在这个过程中，学习者通过不断地假设、求证，以及大量预测、类推、检验，对该项目使用规则、条件等的印象会更加深刻。这种主动的思考，也是变被动学习为主动学习，将枯燥的语言学习转化为主动创造的过程。在这个基础上，学习者会渐渐形成对目的语的全面认识，使中介语不断接近目的语。因此，教学中类推性原则的把握和体现非常重要。

2. 由第二语言学习者的特点决定

第二语言的学习通常具备3个特点：①学习者往往以成年人为主；②学习行为主要出现在课堂教学环境中；③学习时间有限。

以上这些特点使得成年第二语言学习者对可类推、可扩展的语法规则具有更为明显的心理期待。在有限的时间里、用有限的规则说出更多的句子，是成年二语学习者普遍的学习需求。根据学习者的这种心理期待和学习需求，第二语言语法教学的根本任务就是在最短的时间内帮助学习者掌握语法规则、运用语法规则，形成第二语言交际能力。

具体到对外汉语教学，其教学对象主要具有以下特点。

①学习者至少掌握一种语言结构。这一种或几种语言结构的存在会对汉语习得造成不同程度的影响，主要体现在3个方面：正负迁移、中介语系统、汉语使用偏误。

②学习者多为成年人。这些成年汉语学习者具有较为成熟的母语语言能力、认知能力、逻辑思维能力、理解辨别能力、分析处理能力，这些能力能够保证学习者在汉语学习过程中迁移、类比、类推等学习能力的实现。如张博（2007）认为，学习者头脑中存在着一些抽象的语义关系范型，比如[①]：

[①] 孟凯. 留学生反义属性词的类推及其成因[J]. 汉语学习, 2009（1）: 89-96.

第一章 类推的定义及前人的研究成果

$$\frac{+词义}{-词义} \leftarrow \frac{+语素义+X}{-语素义+X}$$

这是一个看起来完全对应的语义范型：其中的 X 表示"同一语言成分"；右侧构词形式为"单音节反义词+同一语言成分"；左侧用来表达复合词意义的对立。属性词的词义多由语素义加合而成，很少产生引申义，所以，反义属性词的词义结构也通常就是反义语素义和同一语素义的加合，非常符合上述范型。"因此，学习汉语的留学生在类推反义属性词时，很可能也受到了这种具有普适性的语义范型的潜在影响，在反义属性词语义与构词的显著对应性与语义关系范型的共同作用下，留学生便产生了大量正确的反义类推词。"（孟凯，2009）[①]

③过度警觉。在汉语学习中，过多的规则和限定使学习者的心理始终处于警觉状态，学习者总是努力运用他们自认为"最安全"的语言形式来避免"出错""犯规"。这些"最安全"的语言模式很可能被学习者用来"过度类推"，形成偏误。

汉语学习者的这些特点，使类推在教学中的作用凸显了出来，主要表现为如下方面。

①教学中类推原则的体现可以激发学习者归纳、类推的学习能力。

②类推原则的运用可以帮助学习者运用有限的规则进行大量的语言实践。

③类推教学法有益于学习者学习信心的培养。汉字系统不同于拼音文字系统，一字一音，一字一形，需要孤立记忆的项目很多，容易导致学习者出现畏难、焦虑情绪。运用类推法进行汉字教学，学习者将在教师引导下，自觉探索汉字规律并有效地利用

---

① 孟凯. 留学生反义属性词的类推及其成因 [J]. 汉语学习，2009（1）：89-96.

这些规律进行进阶学习，这种方法可以在很大程度上缓解学生的焦躁情绪，增加学习兴趣。

④积极有效的类推可以提高学习效率。日本学生从汉字字型猜测语义；英语为母语的学生利用汉语语法和英语语法在语序、主要句型上的相近较快地习得部分语法项目；韩国学生利用汉韩语系辅音和部分单元音的对应关系掌握汉语发音……这些都是类推效率性的体现。

二、第二语言习得中类推作用的重要性

（一）类推是二语学习者积极语言学能的体现

语言学能（Language Aptitude）是指学习第二语言所需要的特殊认知素质。根据卡罗尔（J. Carroll）的观点，语言学能主要包括4种能力，其中之一就是归纳能力，即从不熟悉的新的语言素材中归纳句型和其他语言规则的能力。这种语言学能使学习者在已掌握的目的语规则的基础上能动地、创造性地形成超出已有规则的假设，当遇到现实的交际需要时，学习者就有可能按此假设生成此前没有学过、从未听到过的话。[1] 这些话中有对有错，正确的推论可以保证语言交际正常、高水平地进行，错误的推论就构成了由过度类推而带来的偏误。

（二）类推是二语学习者有效学习策略的体现

"学习策略（Learning Strategies）是语言学习者为了有效地掌握语言规则系统，发展语言技能和语言交际能力，解决学习过程中所遇到的问题而采取的各种计划、步骤、方法、技巧和调节措施。"[1]作为学习策略的最早研究者，茹宾（J. Rubin）归纳了6种

---

[1] 刘珣. 对外汉语教育学引论[M]. 北京：北京语言大学出版社，2000.

认知学习策略，推理就是其中之一。推理就是"学习者通过原有的知识（包括第一语言知识）以及新获得的语言知识，进行概括、推理或演绎推理以及分析、归纳等思维活动，以内化规则"。①

语言习得是边学边用、边听边说的过程，学习者不可能先学会、掌握了全部语法规则再去说话运用，因此，在汉语习得的初期阶段，学习者往往体现出以下学习特点。

①大量类推。学习者会以学到的一个最简单、最典型的汉语规则为类推原型，创造出很多词、短语和句子。这种类推往往是不自知的，一部分是母语规则的转化使用，一部分是汉语规则的盲目使用。

②以词代句。学习初期，学习者还不能使用复杂的语法结构，为了尽可能完成交际，传递自己的意思，很多学习者以词代句，形成了大量不连贯的表达。

无论类推是否过度，学生的类推过程，都是一种应用，也可能是一种创造。因此，学习者的汉语学习过程从某种意义上说也是一个创造新的语言各级系统的过程。在这一过程中，学习者首先假设性地使用自己已掌握的语言形式，在语言实践中进行验证。如果发现偏误，就进行修正。这种修正是另一次假设，也要进行验证……学习者的每一次假设、类推、验证，都是其采取的积极的学习策略，在不断的假设—验证—修正的良性循环中，渐渐趋向于正确的汉语表达。举例来说，在课堂教学中，教师讲授一个语法项目涉及的可能只是一种使用条件，而在具体运用中，学习者却有可能创造性地发挥和发展出了其他使用条件。

（三）类推是教授者重要的教授方法

在第二语言习得中，反复的记忆和强化被视为提高语言能力

---

① 刘珣. 对外汉语教育学引论［M］. 北京：北京语言大学出版社，2000.

的有效手段之一。建构主义者进一步认为,主动地建构"意义",并在此基础上形成对"意义图示"的记忆才能长期储存。建构主义者主张,学习不是一个被动吸收、反复练习和强化记忆的过程,学生也不是外部刺激的被动接受者和被灌输的对象。学习应该是一个以学生已有的知识和经验为基础,通过个体与环境的相互作用主动建构"意义"的过程。"意义"是指事物的性质、规律,以及事物间的内在联系,"建构意义"就是对当前学习内容所反映的事物的性质、规律,以及事物间的内在联系达到较深刻的理解,将这些"性质""规律""联系"长期存储就形成了当前所学内容的图式。

建构主义者主张"通过问题解决来学习"。学习应该通过学习者的高水平的思维活动来实现,而不是简单地沿着记忆的流程进行。知识的建构是通过新、旧知识经验的相互作用而完成的,在"问题解决"这种高水平的思维活动中,学习者要不断地围绕当前的问题解决获取有关的信息,同时又要不断地激活原有的知识经验,来解释当前的有关现象,形成新的假设和推论,并通过一定的方式对此做出检验。在这种活动中,新、旧知识经验的相互作用得以充分展开,为知识的建构提供了理想的途径。

这种以学习者为中心的教学理念应用于对外汉语教学的课堂组织和教学内容的传授则具体体现为:①深入分析教学对象的特点和需求;②充分调动教学对象的语言学习潜能。

类推是学习者语言学能的体现,是对外汉语教学中积极的学习策略,作为教师,当然要把握这一良好的教学生长点,培养、拓展、鼓励学生努力完成对所学知识的积极建构。类推成为汉语教学的重要教学方法是以发挥学习者语言学能的积极作用为前提的。

第四节　前人研究成果

对语言机制中类推机制的关注，古希腊已有记载。江青松在《论语言类推的实现》一文中对类推研究的历史和机制进行了较为详尽的介绍。[①] 类推机制的历史研究情况，已在前文做了陈述，此处不再赘述。以下仅从汉语本体研究中的类推研究、第二语言习得中的类推研究、对外汉语教学中的类推研究3个方面，对国内外前人研究的重要成果予以综述。

一、基于汉语本体的类推研究成果

类推机制在汉语中的作用引起了汉语学界的广泛关注。以汉语本体研究为立足点，侧重于类推对汉语词汇学、语义学、修辞学等学科影响的成果较多。

王希杰关于潜词及潜词显性化的研究虽然没有明确指出，但已能感受到这种显性化和大量潜词背后隐藏的类推机制。此后，关于类推的文章主要侧重于类推对汉语词汇学、语义学、修辞学等学科的影响。如王玉鼎《论汉语词语的类推变化》[②]，曹强《试论类推机制在汉语语音史研究中的作用》[③]，姜同绚《类推机制视角下的新词语论略》[④] 等。孙艳在《试论类推机制在汉语新词语构造中的作用》一文中说："类推机制在语言中的作用是多方面的，从语音到词汇、语法，从语义到语用都有极其充分的体

---

① 江青松. 论语言类推的实现 [J]. 语文学刊，2003（3）：55-56.
② 王玉鼎. 论汉语词语的类推变化 [J]. 西北大学学报：哲学社会科学版，2003，33（1）：118-122.
③ 曹强. 试论类推机制在汉语语音史研究中的作用 [J]. 渭南师范学院学报，2008，23（3）：21-23.
④ 姜同绚. 类推机制视角下的新词语论略 [J]. 现代语文：语言研究，2007（6）：44-46.

现。甚至在语言与心理、语言与社会的关系等较新的领域中,类推机制同样具有积极的阐释作用。"① 于根元也说明了语言的"延伸段"和"交叉段"研究的意义。"语言现象的运动到一定的阶段会发生比较大的变化,这个阶段里既有前一阶段的性质又有了一些变化。"② 因为延伸段的存在,于根元认为,"语言运动的情况是不能无穷尽地类推的"。②

此部分成果还有很多,但因为不是本书主要内容,在此不再罗列。

二、第二语言习得中的类推研究成果

第二语言习得中的类推研究呈现出如下 3 个明显特点。

(一) 以英语和俄语为主要研究对象

在第二语言习得中运用类推机制进行教学的研究成果主要以英语和俄语为研究对象。

陈国亭《语法规则的类推机制与类推失灵的逻辑阐述》③ 一文以俄语为研究对象,具体分析了句中形式与意义不统一的种种情况,从逻辑角度对俄语中名词数形式、动词时间形式、否定形式和句子成分缺位的语义断定等种种机制进行了简要的阐释,解说了语言学习中适用逻辑类推方法的场合及其失灵的情况。

张金忠在《语言的类推机制和俄语教学》④ 一文中指出,类推是语言习得过程中普遍运用的规律,该机制在语言教学中发挥

---

① 孙艳. 试论类推机制在汉语新词语构造中的作用 [J]. 西北师范大学学报:社会科学版, 1998 (2): 89-93.
② 于根元. 应用语言学教程 [M]. 北京: 华语教学出版社, 2008: 133.
③ 陈国亭. 语法规则的类推机制与类推失灵的逻辑阐述 [J]. 外语学刊, 2001 (3): 97-101.
④ 张金忠. 语言的类推机制和俄语教学 [J]. 黑龙江高教研究, 2008 (3): 161-162.

着举足轻重的作用。文中对俄语教学中如何运用语言的类推机制提出了看法，并通过具体实例阐述了该机制在俄语教学中的运用，指出运用类推机制能够提高俄语教学的效率。

蔡满园在《语言学中的类推机制——兼论英语词汇屈折演化的动因》[①]中提出，语言发展的动力是语音变化和类推变化。英语词汇的屈折演化就是在类推机制的作用下，从一套具有完整的词尾屈折变化的综合性语言系统，逐渐演化为仅具有简单的、规则的屈折变化的分析性语言系统的过程。在这一过程中，心理联想起着重要的作用。

（二）对类推原型的范围和类推发生的模式进行了积极的设想

梁改萍和冯小钉在《标记性及其在母语迁移中的作用》[②]一文中，从语言学和认知学两个角度介绍了Eckman提出的二语习得的标记性和迁移理论。Eckman（1977）提出的"标记性差异假说"（Markedness Differential Hypothesis）认为，研究者可以通过母语与目的语之间的标记性差异（而不仅仅是语言差异）的比较来预测二语学习者的困难区域。该假说的具体内容为：不同于母语且比母语的对应部分标记性更强的目的语区域属于困难区域；不同于母语且比母语的对应部分标记性更强的目的语区域的困难程度与其标记程度一致；不同于母语，但不比母语标记性更强的目的语区域不是困难区域。标记性差异假说说明：标记性差异与语言差异互动，共同决定了母语迁移何时发生，何时不发生。当母语结构无标记，而对应的目的语结构有标记时，就可能

[①] 蔡满园. 语言学中的类推机制——兼论英语词汇屈折演化的动因 [J]. 山西煤炭管路干部学院学报, 2008, 21 (3): 78-79.

[②] 梁改萍, 冯小钉. 标记性及其在母语迁移中的作用 [J]. 平原大学学报, 2006, 23 (6): 97-100.

发生迁移；反之，当母语结构有标记，而对应的目的语结构无标记时，迁移的可能性很小。也就是说，母语迁移的条件之一是二语规则或现象的标记性。[①] Kellerman（1977）提出的"典型理论的假说"认为："学习者对母语结构有一种直觉，这种直觉告诉他们一些结构具有潜在的可迁移性，而另一些则不可迁移；这种直觉影响他们实际迁移的形式。""二语学习者不迁移非典型的母语形式和语义。"[①] Kellerman 等的研究显示，学习者的心理对"哪些母语特征可以迁移、哪些不可以迁移"有一个衡量的尺度。母语迁移具有选择性，而这种选择是在二语学习者不自觉的情况下进行的，Kellerman 等的研究成果对于我们研究类推的发生以及过度类推的形成具有启发意义。

（三）对过度类推观点展开了梳理和探讨

罗立胜、张宵宵、王立军《试论"过度类推"观点与"过度类推"现象》[②] 一文扼要地回顾了"过度类推"观点提出的背景及它与第二语言习得和中介语研究的内在关系；介绍了"过度类推"的主要特点及类型。该文以英语为研究语言，分析了因过度类推而产生的语言偏误，提出了对待这类偏误的态度和认识。

陈国亭在《语法规则的类推机制与类推失灵的逻辑阐述》[③] 一文中以俄语为研究对象，从逻辑角度出发，描述了俄语学习中适用逻辑类推方法的场合及其失灵的情况。

[①] 梁改萍，冯小钉. 标记性及其在母语迁移中的作用 [J]. 平原大学学报, 2006, 23 (6): 97-100.

[②] 罗立胜，张宵宵，王立军. 试论"过度类推"观点与"过度类推"现象 [J]. 外语教学, 2006, 27 (2): 48-50.

[③] 陈国亭. 语法规则的类推机制与类推失灵的逻辑阐述 [J]. 外语学刊, 2001 (3): 97-101.

三、对外汉语教学中的类推研究成果

(一) 2003 年以前的对外汉语教学类推研究

类比推理是人类共有的思维方式和学习方式,2003 年以前,运用类推法开展的各类教学活动在对外汉语教学中并不少见。学者们也开始探讨类推和偏误之间的关系、过度类推形成的原因等问题。

赵金铭在《对外汉语语法教学的三个阶段及其教学主旨》一文中提出了"语言模式"和"类比"。该文指出:"成年人学习语言的重要特点之一,就是善于类比。他们学会了一条语法规则,理解为一个语言模式,就会比附着造出各式各样的句子。这种套用的结果,当然有时完全无误,有时就错了,以至于错得'匪夷所思'。"[①] 在《外国人语法偏误句子的等级序列》[②] 一文中,赵金铭运用"最小差异对"的观点,对外国人学习汉语出现的语法方面的错误进行了分类,努力找出正确句与错误句的最小本质差异,并在此基础上,将语法错句排出等级序列。赵金铭认为通过应用"最小差异对"来分析外国学生学习汉语时所形成的中介语句子,可以看出普遍语法在转化为汉语句子中,也就是在类推过程中所出现的问题。

李大忠在《偏误成因的思维心理分析》一文中认为,类推不当是学习者汉语学习偏误的主要原因。"外国人学汉语,尤其是成年外国人学汉语,大量的偏误就是类推不当。准确地说,是把类推结论的或然性看成必然性造成的。""见同不见异或以相

---

① 赵金铭. 对外汉语语法教学的三个阶段及其教学主旨 [J]. 世界汉语教学, 1996 (3): 76 – 86.

② 赵金铭. 外国人语法偏误句子的等级序列 [J]. 语言教学与研究, 2002 (2): 1 – 9.

同代替相似。"①

杨冰郁、石凯民在《"系联法"对外汉字教学初探》一文中提出运用"系联法"进行汉字教学的初步设想。"系联法"是传统音韵学的主要研究方法,"系联法"汉字教学的实质就是利用类比推理(类推)的方法进行汉字教学。杨冰郁、石凯民认为运用"系联法"进行对外汉字教学有其语言学理论基础。该文引用了赵元任和徐通锵的看法:"汉语句法结构的基本单位是'字'。'字说'打破了传统的'词说',在语言学理论界引起争论,孰是孰非,一时未见分晓。但从对外汉字教学实践来看,'字说'明显地便于教学操作:既然字是汉语的基本单位,那么它理所应当地是汉语学习者学习的起点及教师教学的开始。字与字相系联,由字而词而结构,循序渐进,重视字的重现率和积极的构词能力,能够收到温故而知新、举一隅而反三隅的良好效果。"②

在这个阶段,课堂教学、教材编制、练习设计中已有以类推为原理的内容,学者和实践者们注意到了类比推理在汉语学习中正反两方面的作用,并开始理论性地、有意识地将类推法运用于具体的汉语教学实践之中。在诸多研究成果中,类推的说法尚不明确,类推的性质、发生机制及其在对外汉语教学中的全面作用还没有进行深入的探讨。

(二)2003年以后的对外汉语教学类推研究

2003年以后,越来越多的学者和实践者们注意到了类推法在第二语言习得,尤其是对外汉语教学中的积极作用。学者和实

---

① 李大忠. 偏误成因的思维心理分析[J]. 语言教学与研究, 1999 (2): 110-119.

② 杨冰郁, 石凯民. "系联法"对外汉字教学初探[J]. 延安职业技术学院学报, 2001, 22 (4): 45-48.

践者们从理论与实际、类推的正面作用和负面作用、类推发生的机制、汉语语法项目的类推发生机制等多个角度和多个方面对类推展开了研究，呈现出如下一些特点。

1. 从分课型教学入手，提出了若干宏观原则

在前人的研究基础上，杜丽荣对运用"系联法"进行汉字教学进行了更为深入的探讨。杜丽荣认为，"系联法"对外汉字教学是指"以文字学理论为指导，主要通过对汉字形符、声符的系联，使学生认识到汉字的系统性和理据性，并自觉地遵循汉字规律去学习汉字的一种教学方法"。①《"系联法"对外汉字教学研究》一文从必要性、教学内容、需要注意的问题等几个方面对运用"系联法"进行对外汉字教学进行了详细的阐述。杜丽荣认为"系联法"对外汉字教学包括"形的系联""声的系联""综合系联"等几个方面。运用"系联法"进行汉字教学要注意对外汉语教学的特点，针对学生的具体情况而有的放矢，这样才能提高他们学习汉字的兴趣，取得事半功倍的教学效果。①

周健、廖暑业在《汉语词义系统性与对外汉语词汇教学》②一文中对词汇教学的系统性进行了讨论。"汉语词汇的词义系统性和网络性是客观存在的，并且在形式上有所表现，这就给对外汉语教学带来很大的便利，我们可以利用词义系统性高效扩大学生的词汇量。"②他们提出了结合词义系统进行词汇教学的原则和策略：单音词的教学要突出形、音、义系联原则；合成词教学要突出语素分析原则。

语法教学方面，郑超在《浅谈对外汉语教学中的语义分析

---

① 杜丽荣．"系联法"对外汉字教学研究[J]．西南民族大学学报：人文社科版，2004，25（7）：418–422.

② 周健，廖暑业．汉语词义系统性与对外汉语词汇教学[J]．语言文字应用，2006（3）：110–117.

法——从"动+补+宾"结构的表现形式和语义关系看语义教学》① 一文中建议引入语义分析教学法以保证类推的顺利进行。"语法教学在对外汉语教学中是至关重要的,教师往往通过总结其结构模式使学生掌握正确的表达方式。这种教学方式具有一定的局限性,主要在于留学生只是机械地模仿和套用其结构模式,因为不能理解其深层含义而出现这样或者那样的问题。事实上,语法结构和语义结构是表层和深层的关系,是形式和内容的关系,要想正确地表情达意,就必须了解包裹在外在形式下的内在含义,因此在教学中引入语义分析教学法是一个行之有效的方式。"

这一阶段的类推研究,已经涉及了汉字、词汇、语法等对外汉语教学的多个分科领域,方法上也更加注重从汉语自身特点出发,通过研究类推的内在理据性,探索如何更为有效地运用类推方法。

2. 对过度类推的探讨进一步深化

过度类推是汉语学习者偏误形成的主要原因。透过过度类推现象,找出形成过度类推的成因,能帮助我们进一步了解学习者的汉语学习过程和心理,有效规避偏误;能帮助教师及时调整教学策略和方法;对于教材编写、练习设计等环节也有指导性的意义。研究类推如何发生,如何促进正面类推在汉语学习中作用的发挥只是类推研究的一个方面,另一个重要方面就是对过度类推的认识。在这个阶段,研究者和实践者进一步注意到了过度类推在理论发展和实践应用双方面的价值。

干红梅在《浅析汉语作为第二语言习得中的泛化性偏误》

---

① 郑超. 浅谈对外汉语教学中的语义分析法——从"动+补+宾"结构的表现形式和语义关系看语义教学 [J]. 北京化工大学学报:社会科学版,2006 (3): 47-49.

一文主要探讨了泛化性偏误形成的原因并提出了解决问题的若干思路。干红梅认为，与由干扰引起的偏误相比，泛化性偏误更能体现学习者的语言学能和积极的学习策略；归纳推理和类比推理是泛化性偏误的内部思维基础；教材编写和课堂的教、练不当是引起泛化性偏误的外部原因；语言规则不可穷尽性的特点是泛化产生的客观现实原因；教材在编写时应尽量做到准确细致，教师则应使用各种教学技巧避免产生不必要的泛化。①

"小类"研究也是这一阶段的研究特点。研究者和实践者从具体问题出发，从"局部"入手，开展了一系列具有现实意义的研究。

副词用法涉及句法、语义、语用、认知等多个方面，一直是对外汉语教学的重点。由于副词意义空灵、个性强，缺乏系统性和规律性，导致副词类推性弱，成了留学生偏误较多的领域。吴娟娟在《汉语作为第二语言教学中的副词研究综述》② 一文中对副词的类推性进行了探讨，认为副词作为个性强于共性的功能词类，缺乏可资类推的规律性和系统性，学习者利用类推进行学习的习惯在副词学习中就体现为规则过度泛化和过度类推。

3. 从汉语特点出发，研究汉语学习和类推方法之间的契合关系

研究者和实践者跳出了以英语和俄语为主要对象的研究壁垒，从汉语自身特点出发，研究汉语与类推方法之间的契合关系。较为突出的研究成果有如下几个方面。

---

① 干红梅.浅析汉语作为第二语言习得中的泛化性偏误 [J].云南师范大学学报：对外汉语教学与研究版，2005，3（1）：56–59.

② 吴娟娟.汉语作为第二语言教学中的副词研究综述 [J].现代语文：语言研究，2006（4）：111–112.

(1) 动宾结构中概念整合层级性高低与类推性强弱之间的关系

张云秋、王馥芳在《概念整合的层级性与动宾结构的熟语化》① 一文中,提出了概念整合的层级性,并研究了概念整合层次性在动宾结构中的体现。两位作者研究了类推性的强弱,"动宾结构中概念之间的整合层级性越高,结构的熟语化程度也就越高,而熟语化程度越高便意味着意义的整体性越强,也就是说构成成分之间具有不可分解性,因此,熟语化程度高的动宾结构往往具有不可类推性"。概念整合的层级性高低制约着动宾结构熟语化的程度,概念整合的层级性越高,动宾结构的意义就越不能按照构成成分的字表意义来理解。从类推的角度来阐述,即概念整合的层级性越高,动宾结构意义的类推正确率就越低。

(2) 动词和宾语的语义类型与类推自由度的关系

周卫华在《从中文信息处理的角度看动宾语义关系的分类》② 一文中,从中文信息处理的角度研究了动词和宾语之间的复杂语义关系,认为动词和宾语的语义类型并不存在明确的对应关系。周卫华还对孟琮等编写的《汉语动词用法词典》③ 中的500个单音节动词进行了考察,得出结论:"如果动词的意义规定宾语必须为某种语义角色,那么在句法上担任这种语义角色的名词性短语一般都可以自由类推。类推又可以分为两种情况:一种是可以自由类推,如'到'表示'达于某一点;到达;达到'意义时,它规定宾语的语义角色是处所,能够担任处所这个语义角色的名词性短语可以自由类推,可以说'到北京、到美国、

---

① 张云秋,王馥芳. 概念整合的层级性与动宾结构的熟语化 [J]. 世界汉语教学,2003 (3):46-51.

② 周卫华. 从中文信息处理的角度看动宾语义关系的分类 [J]. 湖北社会科学,2007,2007 (5):137-139.

③ 孟琮,郑怀德,孟庆海,等. 汉语动词用法词典 [M]. 北京:商务印书馆,1999.

到学校、到农村、到屋里、到山上'等;另一种是只能在一定范围内类推,但不可完全列举,比如'打'表示'买'这个意义时,它规定宾语的语义角色是受事,如果用于在食堂买饭或买菜这一语境中,它的宾语就只能在某个范围内进行类推,但无法完全列举出来。当然,由动词的意义规定的宾语,也有不能自由类推的情况,不过这种情况比较少。""如果某种类型的宾语不是动词的意义所规定但又出现在宾语的句法位置上,一般都不可自由类推。比如处所宾语,当它出现在'吃'后面,就不能自由类推,因为处所宾语不是'吃'所规定的语义类型。不可自由类推也分为两种情况:一种是不可自由类推,但可以在一定范围内完全列举,比如'打'表'殴打;攻击'意时,能进入宾语位置的工具成分就不可自由类推,但我们可以完全列举出来,比如'打棍子、打板子'等;另一种是俗语,其宾语完全不能类推,比如'闯红灯、出风头'等。"①

周卫华认为,类推性较强的语法现象,容易建立规则,类推性很弱的语法现象,难以建立规则。从中文信息处理的角度,将二者区分开来,具有一定的可行性。对于类推性较强的语言现象,可以通过系统、深入的研究,建立起与之相适应的语言规则,为计算机提供明确的条件;对于类推性很弱的语法现象,就无须付出昂贵的代价而为之建立规则,可以统统将它们放入词库。周卫华的研究虽然立足于中文信息处理,但对于研究对外汉语教学中的类推机制而言,仍然具有启发意义。

(3) 反义构词的合理类推和过度类推

张博在《反义类比构词中的语义不对应及其成因》② 一文中

---

① 周卫华. 从中文信息处理的角度看动宾语义关系的分类 [J]. 湖北社会科学, 2007, 2007 (5): 137-139.

② 张博. 反义类比构词中的语义不对应及其成因 [J]. 语言教学与研究, 2007 (1): 43-51.

提出，反义类比构词在语素义、语素间的语义关系和词义3个层面上都存在一定程度的不对应；词义不对应与外在世界的不对称现象或客观事物的发展变化相关；语素义和语素间的语义关系不对应则来自"复合词意义的正反来源于正反义的语素分别与同义同语素的组合"这一语义关系范型的深刻影响。笔者认为，在上述因素的综合作用下，汉语的反义构词有这样一些特点：反义语素在词内的义位不对应或必要性不对应；语素义的和谐度不对应；词的理据性强弱不对应。

孟凯的《留学生反义属性词的类推及其成因》[1] 一文将留学生反义属性词的类推分为合理类推和过度类推两大类。论文主要探讨了两类反义类推的成因。合理类推的形成与普遍而抽象的语义关系范型、反义属性词语义与构词的显著对应性，以及义项的高度对应等因素有关。过度类推则是在反义属性词语义和构词的某些不对应、词的多义性与反义属性词义项的不对应，以及同/近义词的互补性或特异性等因素的影响下形成的。在分析留学生反义属性词类推类型及其成因的基础上，将留学生反义属性词的类推类型以图示（图1.5）的形式表现了出来。

孟凯认为，"属性词的教学在强调其明确的句法功能和句法位置时，容易被忽略的词义与词法之间的对应性、词的不同义项之间的对应性、同/近义词所具有的互补性或特异性等问题也应该得到足够的重视，因为这些问题关系着留学生语言（主要是词汇）生成的准确性和地道性。而类推机制能够得以应用也与反义属性词词义与词法之间的显著对应性有关"。[1]该文对对外汉语教学中的反义属性词教学及相关词汇教学提出了建议：充分重视反义属性词语义与构词及义项上的显著对应性，这是促使合理

---

[1] 孟凯. 留学生反义属性词的类推及其成因 [J]. 汉语学习, 2009（1）: 89-96.

第一章 类推的定义及前人的研究成果

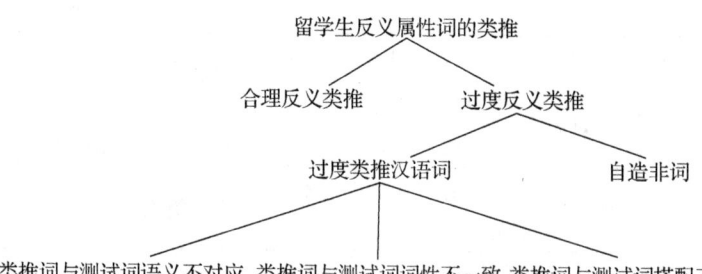

图 1.5 留学生反义属性词的类推类型

类推产生的重要因素；反义属性词中容易引起过度类推的语义与构词或义项上的不对应要着重强调以降低其消极影响；教师应该帮助留学生逐步了解汉语反义词之间并非是严整的一一对应关系；留学生需要树立多义词意识，建立"义项观"，对外汉语教师有必要帮助留学生按义项成组学习反义属性词。

（4）汉外语言对应程度与类推性高低之间的关系

卢福波根据汉语和外语对应程度和复杂程度的高低，确定了 5 个层次的难度系数，进而区分了 5 个不同层级的对应关系。针对这 5 个对应关系，卢福波得出了类推方法运用的分布情况，如表 1.3 所示。

表 1.3 汉外语言对应程度与类推方法运用分布

难度系数	对应程度	对应情况	习得情况
指数 1	强对应	结构、语义、语序基本对应	一般通过类推可直接掌握
指数 2	次强对应	结构有较低程度不对应，意义基本对应	直接类推会出现偏误，但稍加指点即易克服

续表

难度系数	对应程度	对应情况	习得情况
指数3	中对应	结构有一定程度不对应,意义稍有出入	类推一定出现偏误,结构、意义都须指点才能克服
指数4	弱对应	结构基本不对应,意义有一定出入	基本不能类推
指数5	不对应	结构不对应,意义有深层或语用差异	完全不能类推

卢福波还运用难度分析方法,全面、集中地分析了汉语特殊谓语句中的连谓句和兼语句总计9种句型、"比"字句总计13种句型、动补句中的16种动补关系句型的排序。[①] 卢福波的研究为运用类推法开展对外汉语语法教学的层级性提供了思考。

(5) 类词缀的类推构词能力

词缀涉及词汇和语法学两个层面。词缀的存在将互相独立的词汇学和语法学紧密地联系在了一起。尹海良、桑哲在《对外汉语教学中的词缀问题》一文中以对外汉语教学的《语法等级大纲》和《词汇等级大纲》为讨论对象,统计并分析了两个大纲在词缀处理方面存在的问题:名称、收录、标注、排列次序等。文章认为:"词缀特别是类词缀具有较强的类推规则,在对外汉语教学的《语法等级大纲》和《词汇等级大纲》中处理好这一范畴将有利于提高词汇教学的质量……下一步的工作是逐步挖掘汉语词缀的潜在构词规则,目的是培养留学生理解和生成现代汉语在线词汇的能力。"[②]

---

① 卢福波. 对外汉语教学基本句型的确立依据与排序研究 [J]. 语言文字应用, 2005 (4): 80 - 86.

② 尹海良, 桑哲. 对外汉语教学中的词缀问题 [J]. 西华师范大学学报: 哲学社会科学版, 2009 (1): 69 - 73.

第五节 研究意义

一、有助于深化对中介语的认识即对学习者汉语学习过程的认识

对对外汉语教学中的类推进行全面研究有助于提高我们对中介语的进一步认识。

1972年,塞林格(Selinker)从对语言学习者心理过程的描述出发,提出了中介语(Interlanguage)理论假说。塞林格认为,那种已经离开母语,但又没有完全摆脱母语的语言是学习者在母语和目的语之间的一种中介语,也是一种"中介现象"。中介语的产生是"由于学习外语的人在学习过程中对于目的语规律进行不正确的归纳与推论而产生的一个语言系统,这个语言系统既不同于学习者的母语,又区别于他所学的目的语"。在此基础上,塞林格对中介语中出现的偏误进行了分析研究,提出了学习者中介语的5个主要操作过程。塞林格的研究表明,各种原因形成的各个阶段不同的类推失当是形成中介语的重要原因。这5个主要的操作过程包括如下方面。

(一)语言迁移(Interlingual Transfer)

塞林格认为,目标语规则过度泛化的偏误在一定时期内几乎不可避免。因为教师不可能在讲解某些语言规则时,讲清所有的限制规则。学习者总会在不自觉或者判断错误的情况下把已掌握的语言知识超范围运用。

(二)目的语规则的过度概括(Overgeneralization)

在第二语言习得过程中,学习者常常会把一些语言规则当成

普遍性的规则来使用，将目的语的语言结构系统简化，"创造"出一些目的语中没有的结构。这些结构不带有母语的特征，但反映了学习者的目的语特征。理查德（J. Richards，1974）把这种现象称为"泛化"。

在语言学习中，关于语法规则的一般性阐述，即普遍、通用的规则对学习者有极强的导向作用，学习者们相信运用规则进行类推是相当可靠的组句方式。他们常常将归纳、演绎、推理等形式逻辑手段运用到表达活动中，以此作为构建中介语系统的主要途径和手段。这个过程中产生的泛化性偏误包含了学习者将目的语的某项规则展开使用或混合使用的多个结构。

（三）训练迁移（Transfer due to the Effects of Teaching）

训练迁移指教师某些不地道或不合适的语言运用或教授使学习者产生了对目的语的某些语言点及语法规则的不正确理解。这些不正确理解产生于学习者学习的最初阶段，即语言习惯形成期，往往根深蒂固，不易清除。

（四）学习策略（Learning Strategies）

学习策略是语言学习者摸索单词、语法规则和其他语言项目的含义和用法的方法，它是学习者对输入语言及其知识发展过程的一个重要标志。前文提到的"泛化"是一种学习策略，"省略简化"（Simplification by Omission）也是外语学习者普遍采用的学习策略之一。面对大量的目的语输入，学习者不能全部、马上消化吸收，便倾向于将其简化为一种简单的系统。

（五）交际策略（Communication Strategies）

交际策略指的是第二语言或外语学习者表达意思时所运用的方法。由于对目的语未完全掌握，在需要表达某些超过现有语言知识或技能的内容时,学习者不得不使用一些语言或非语言手段进行交际,这些手段便是学习者的交际策略。交际策略也是学习者中介语系统形成的原因之一。"回避"(Avoidance)和"换说"(Paraphrase)是初学者经常采用的交际策略。

此外,还有一些研究成果也证明了类推和中介语系统的关系。

陆俭明列举了外国留学生在写作、说话中出现的语法、词汇方面的问题,认为这些错误大多是由母语向目的语的负迁移造成的。[①] 亓华在《韩国留学生自我介绍文的"中介语篇"分析》[②]一文中,以中高年级韩国留学生"自我介绍"文中出现的中介语现象为研究对象,发现中介语现象不仅限于句法层面,还表现在语段篇章上。作者通过对韩国学生自我介绍文"中介语篇"类型的分析后认为,外国留学生的"中介语篇"的形成是3个方面作用的结果:母语语言规则负迁移;有限的汉语句型和篇章知识的干扰;目的语语言规则的泛化。

从某种意义上说,学习者的偏误,或者说学习者的中介语系统主导着对外汉语教学教法和学法等一系列教学活动的开展。教材的编写、教法的更新等工作都是为了缩短学习者从母语到目的语即汉语的习得过程,并努力减少这一过程中的障碍。研究中介语的形成、特点并进行有效的预防,对于我们全面认识学习者的汉语学习过程具有重要的作用。我们至少可以回答这样一些问题:学习者在学习该项目时可能有哪些方面的问题;学习者是如何认知、类推、理解的;采取怎样的教学手段和措施能最大限度地避免此类偏误的产生等。

---

① 陆俭明. 对外汉语教学与汉语本体研究的关系 [J]. 语言文字应用,2005(1):58-62.

② 亓华. 韩国留学生自我介绍文的"中介语篇"分析 [J]. 语言文字应用,2006(S2):98-101.

立足于对外汉语教学的类推研究

在学习者习得汉语的过程中,类推不当是难免的同时又是要尽可能避免的,这一看似矛盾的命题的解决需要我们对类推发生的机制、限定条件、类推源的选择、类推方法的使用等方面进行深入的研究。

二、有助于提高对外汉语教学中教和学的双向效率

在认知科学和第二语言习得规律的指导下,研究类推发生的机制及其在对外汉语教学中的应用,有助于提高对外汉语教学中教和学的双向效率。

"知通统类,如是则可谓大儒矣。"类,相似之意。相似论在具体学科研究上既重要也必要。在客观事物运动及主体思维活动过程中都存在着相似的模式与规律,人们一旦发觉客观事物中的特殊规律后,就可以有效地将其用于各种具体学科的研究中,从而推动此类学科的迅速发展。基于这种认识,结合自己的专业,着重在语言间的相似性问题上进行探索,寻找汉语学习中的"类",将有利于我们更清晰地揭示相关语言的实质。对语言学习来说,对语言间相似性的认识和研究也更加有利于发挥合理联想、得当类推、有效记忆,为掌握语言提供更快更好的途径。

除此之外,探讨过度类推的形成机制及对外汉语教学几个方面中过度类推的易发点,也有助于避免大量因类推失当带来的偏误的出现,使教学更具针对性,有助于提高教学手段和措施的科学性。

第二章 类推法在当前对外汉语教学中的应用研究

作为一种重要的学习手段和教授方法,类推法在对外汉语教学的各个环节都有广泛应用,集中体现在教法、学法、教材3个方面。

第一节 类推法在对外汉语教法中的具体运用

教法运用主要针对教授者而言。对外汉语教师要对汉语的语言规律有充分的知识储备和清楚的认识,能够预测学生的偏误及偏误可能产生的时间,比较准确地把握类推教学法使用的时机、程度、分寸,合理设计教学内容的呈现、教学的步骤与环节,同时还要充分重视不符合类推条件的"例外",学生出现过度类推时,及时提示,并进行分析和归纳。

一个完整的教学流程由5个环节组成:①备课环节;②讲授环节;③练习环节;④作业环节;⑤复习环节。这些环节很多时候并不是按照流程顺序进行的,操作中有交叉和重合。在不同环节中,教授者使用的类推方法也有形式、程度等方面的不同。一般的类推教学形式如图2.1所示。

讲授环节常用的类推方法有正向类推和逆向类推。

所谓正向类推,就是教授者将类推公式(原型)直接呈现,同时提供可供替换使用的语言材料,引导学习者进行替换,进而掌握这一语言项目的使用。示例如图2.2所示。

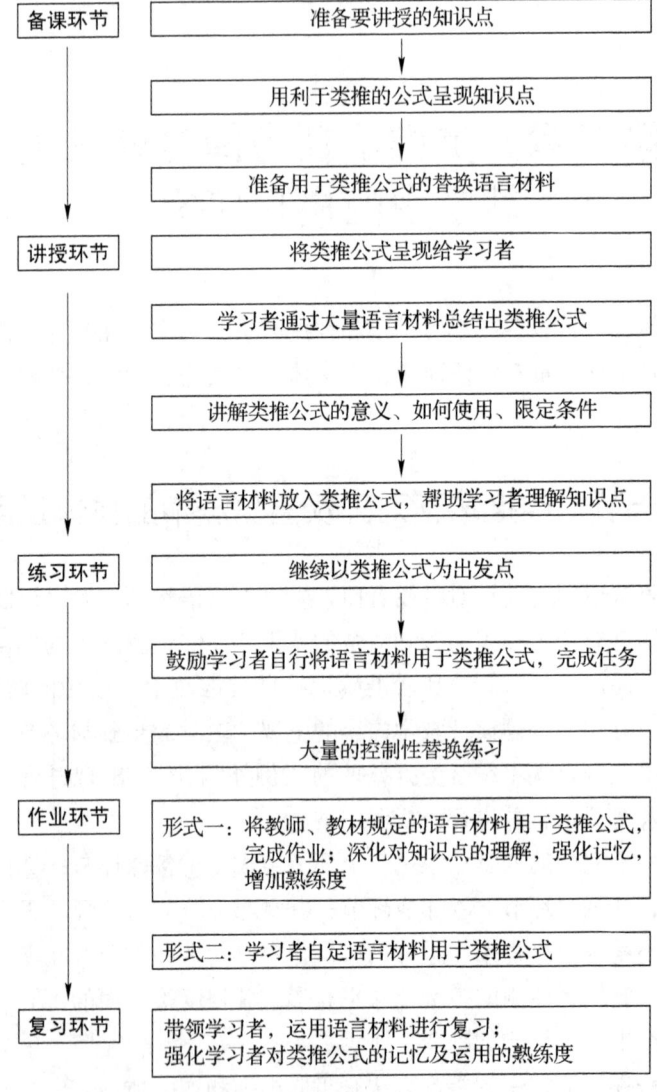

图 2.1 类推教学的形式流程

逆向类推是教授者不急于呈现类推公式（原型），而是将大量包含这一词汇或者语法点的语言材料展现给学习者，让学习者通过自主思考、发现该项目的意义、特点、使用条件，在此基础上实践应用。继续以上述正向类推的教学内容为例，示例如图 2.3 所示。

教学项目：

形容词 A 是形容词 A，不过（但/但是/可/可是）……

教学流程：

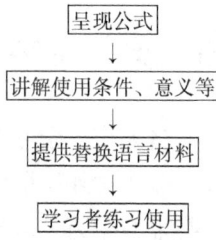

图 2.2　正向类推示例

教学项目：

形容词 A 是形容词 A，不过（但/但是/可/可是）……

教学流程：

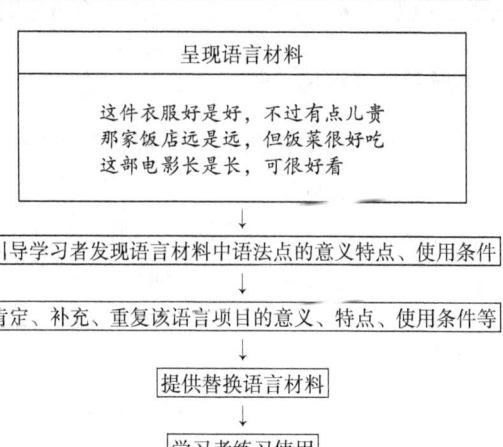

图 2.3　逆向类推示例

相比较而言，逆向类推因为鼓励主动思考，充分调动了学习者学习的自主性，在教学中效果更好一些。通过自主加工，学习

立足于对外汉语教学的类推研究

者容易对语言项目形成深入的理解和深刻的记忆。这种方法对于学习者语言学习技巧的培养也是很有好处的。

运用逆向类推进行汉语语言项目的教授时,教授者应该重视这样一些限定条件:①学习者汉语学习程度的高低;②教学时间充分与否;③语言项目的特点是否具有显著性。

第二节 类推法在对外汉语学法中的具体运用

学法运用主要针对学习者而言。学习者是对外汉语教学的主体,注重学法方面的研究,是在对外汉语教学中有效开展类推教学法的重要方面。只有对类推原型充分理解,学习者才能举一反三地"创造"、掌握、拓展自己的语言知识,类推法的有效使用不仅是学习者知识的拓展过程,也是积极语言学能的展示、锻炼、强化过程。在汉语学习的过程中,学习者对于类推方法的使用始终存在,在类推原型来源、阶段、量、重点4个方面有所不同。

一、类推原型来源的不同

汉语学习者的类推原型来源主要有如下3个方面。
①学习者母语语音、词汇、语法、语用等项目。
②习得的汉语语音、词汇、语法、语用等项目。
③学习者掌握的其他语言的语音、词汇、语法、语用等项目。

二、阶段的不同

根据学习者的汉语水平将其分为如下3个阶段。
①初级阶段学习者。
②中级阶段学习者。
③高级阶段学习者。

三、量的不同

随着汉语水平的提高,学习者越来越多地使用正确的汉语进行直接思考,语间类推在其汉语交际过程中所占的份额、所起的作用较学习之初呈大幅下降趋势。

四、重点的不同

初级阶段学习者的学习需求主要是满足工作、学习、生活的基本需要,在这一阶段,学习者的类推和过度类推主要体现在具体语音、词汇、语法项目上。到了中、高级阶段,学习者语用方面的过度类推问题会渐渐增多。

根据上述4个方面的不同,可以把类推在学法上的具体运用总结见表2.1所示。

表2.1 类推在学法上的具体运用

学习者类型（阶段）	类推原型主要来源	特点、重点、量等	阶段特点
初级阶段学习者	母语→汉语	学习者大量运用母语知识,理解、学习汉语。重点集中在语音、语法、词汇层次	类推的正负两个方面作用都很明显
中级阶段学习者	母语→汉语	学习者继续运用母语知识,辅助其汉语学习	过度类推的出现
	汉语→汉语	学习者运用已有汉语知识,对新知识进行理解和运用	
		学习者将已经掌握的汉语规则运用到超出其使用范围的语境中	
		除了对具体语法项目的类推外,基于语用的类推现象开始出现	

续表

学习者类型（阶段）	类推原型主要来源	特点、重点、量等	阶段特点
高级阶段学习者	汉语→汉语	高级阶段学习者的汉语学习已经超出语法点的学习范围，更注重细节的学习，可供类推的"模型"较前2个阶段有所减少； 由汉语到汉语的类推现象仍有发生，但对于偏误，学习者往往有了自主认识，能够主动进行纠正	交际时已能用汉语进行思维，由类推带来的偏误大大减少
		基于语用的类推现象成为学习中的难点	

第三节　类推法在对外汉语教材中的具体运用

教法和学法在汉语学习环节中，具有很明显的个人特点，不利于进行定量研究。笔者从中国传媒大学文法学部汉语国际教育中心 2008 年 9 月至 2015 年 7 月的留学生教材中选取了语法类、汉字类、口语类、阅读类 4 类共计 15 部教材的练习部分为研究对象，对类推练习法在教材中的应用进行了统计分析。这 4 类 15 部教材涵盖初级、初级向中级过渡（以下简称初中过渡）、中级、中级向高级过渡（以下简称中高过渡）4 个教学层次（表 2.2）。

表2.2 4类15部教材的统计分析

序号	类别	教材名称	教材性质	出版社	作者及出版时间	学习者层次
1	语法类	《汉语教程·第一册·上》	对外汉语本科系列教材语言技能类	北京语言大学出版社	杨寄洲编著 2006	初级
2		《汉语教程·第一册·下》				初级
3		《汉语教程·第二册·上》				初中过渡
4		《汉语教程·第二册·下》				初中过渡
5		《汉语教程·第三册·上》				中级
6		《汉语教程·第三册·下》				中高过渡
7	汉字类	《张老师教汉字·汉字识写课本·上》	针对初学者的汉字选修课教材	北京语言大学出版社	张惠芬编著 2005	初级
8		《张老师教汉字·汉字识写课本·下》				初中过渡
9		《张老师教汉字·汉字识写课本练习册》				初级 / 初中过渡

续表

序号	类别	教材名称	教材性质	出版社	作者及出版时间	学习者层次
10	口语类	《汉语会话301句·上册》	针对初学者的汉语速成教材	北京语言大学出版社	康玉华、来思平编著 2005	初级
11		《汉语会话301句·下册》				初中过渡
12		《魔力汉语——中级汉语口语·上》	北大版短期培训教材	北京大学出版社	林齐倩、何薇、姚晓琳编著 2006	中级
13		《魔力汉语——中级汉语口语·下》				中高过渡
14	阅读类	《初级汉语阅读教程·Ⅱ》	北大版基础教程系列	北京大学出版社	张世涛、刘若云编著 2002	中级
15		《中级汉语阅读教程·Ⅰ》	北大版长期进修汉语教程		徐霄鹰主编 2009	中高过渡

一、4类8部教材的统计分析

在表2.2所列的4类15部教材中，以下序号分别为3、4、5、6、12、13的6部教材，其类推性练习覆盖全书，但形式较为单一；序号为7、8的2部教材，不含有练习内容，所有练习均集中在与其对应的练习册中，故未作为本章具体统计和分析的对象（表2.3）。

表 2.3 未作为统计分析对象的 4 类 8 部教材

序号	类别	教材名称	教材性质	出版社	作者及出版时间	学习者层次
3	语法类	《汉语教程·第二册·上》	对外汉语本科系列教材语言技能类	北京语言大学出版社	杨寄洲编著 2006	初中过渡
4		《汉语教程·第二册·下》				初中过渡
5		《汉语教程·第三册·上》				中级
6		《汉语教程·第三册·下》				中高过渡
7	汉字类	《张老师教汉字·汉字识写课本·上》	针对初学者的汉字选修课教材	北京语言大学出版社	张惠芬编著 2005	初级
8		《张老师教汉字·汉字识写课本·下》				初中过渡
12	口语类	《魔力汉语——中级汉语口语·上》	北大版短期培训教材	北京大学出版社	林齐倩、何薇、姚晓琳编著 2006	中级
13		《魔力汉语——中级汉语口语·下》				中高过渡

以下仅对这 8 部教材做简单综述。

立足于对外汉语教学的类推研究

（一）《汉语教程》

《汉语教程·第二册·上》《汉语教程·第二册·下》《汉语教程·第三册·上》《汉语教程·第三册·下》4部教材虽然在体系上并不刻意追求语法的系统性，但在语法编排上还是遵循了由易到难、循序渐进的原则。该书作者在前言中谈到，这套教材主要是借助汉语语法结构讲授课文的，是以语法为指导教学生说汉语的。因此，语法的讲解力求简明扼要，从结构入手，重点阐释其语义和语用功能，教学生怎么运用语法去说、去写、去表达。课堂上，要通过图片、电脑软件、动作等各种形象直观的教学手段，演示语法点，使学生感悟和理解每个语法点的意义、功能和使用语境，把语法、语境与交际紧密结合起来，提高学生运用汉语进行交际的能力。在这一教材编撰思想的指导下，这一系列语法教材的练习设计注意遵循理解、模仿、记忆、熟巧、应用的语言学习和习得规律。练习项目涵盖了理解性练习、模仿性练习和交际性练习等，练习部分包括了以类推为理论和方法的"替换练习"（Substitution Exercises），主要形式如下。

例2.1

给出例句：

A：你们国家的气候跟这儿一样吗？

B：跟这儿不一样。（我们国家的气候跟这儿不一样。）

给出替换的语言材料：

你的电脑　　他的

你的手机　　我的

你的词典　　这本

这件毛衣　　你的

你的想法　　你朋友的

玛丽的兴趣　麦克的

（二）《魔力汉语——中级汉语口语》

《魔力汉语——中级汉语口语·上》《魔力汉语——中级汉语口语·下》的练习部分主要由机械操练、理解运用和结合实际运用3个部分组成。练习中的"试一试"主要为控制性的替换练习。

例2.2：《魔力汉语——中级汉语口语·上》第6页

给出例句：

你怎么<u>不吃</u>啊？

给出替换的语言材料：

他　　没来上课

我　　不知道这件事

你　　没回国

例2.3：《魔力汉语——中级汉语口语·下》第17页

给出例句：

下午大卫　　　　去　　不了

给出替换的语言材料：

我还有事，　　　走

放心，这个东西　丢

我　　　　　　　忘　　　这件事情

他牙疼，　　　　吃　　　东西

《汉语教程》和《魔力汉语》中的替换练习对于学生理解掌握语言项目有一定的作用，但也存在一些潜在的问题。替换练习是在教师指导下的控制性、机械性练习，如果教授者对于语言项目的限定条件解释不足或者对可能出现的过度类推情况说明不够，则可能导致学习者的具体语言实践出现过度类推和错误类推。

（三）《张老师教汉字·汉字识写课本》

《张老师教汉字·汉字识写课本》是专门为零起点来华留学生、特别是非汉字文化圈的初学者编写的汉字选修课教材。该教材收录了汉字780个，其中，甲级字630个，乙级字120个，还有少量作为部首的丙、丁级字。这部教材具有如下特点。①

①用"图画法"作为形义联想的生发点，以形声字形旁归类为主线，侧重汉字的书写、字源分析和形体结构分析，旨在帮助学习者清晰构建与汉字相适应的认知结构，如图2.4至图2.7所示。

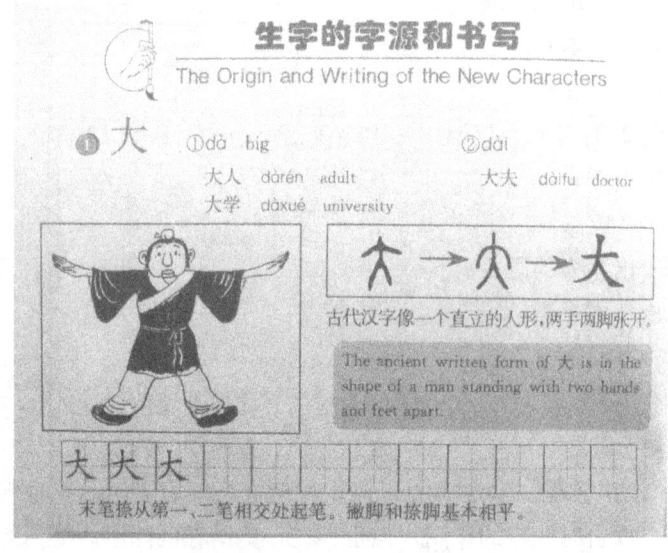

图2.4 《张老师教汉字·汉字识写课本·上》第56页

---

① 张惠芬. 张老师教汉字·汉字识写课本[M]. 北京：北京语言大学出版社，2005.

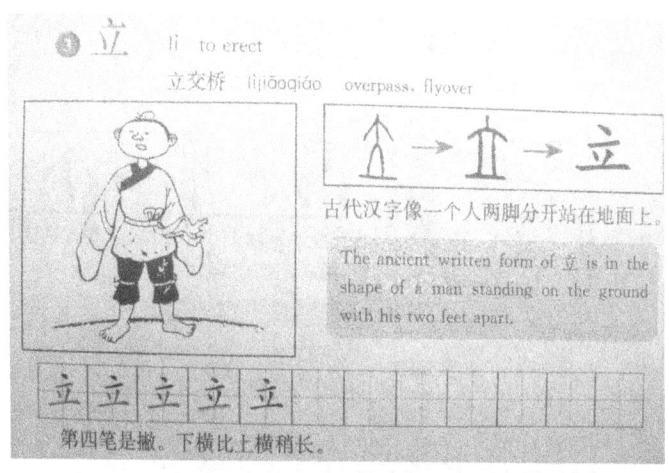

图 2.5 《张老师教汉字·汉字识写课本·上》第 57 页

②这部教材注重字义与词义的关系，给所学汉字提供了由该字组成的常见词，又给应当掌握的词提供了例句，所有这些都有助于学习者在语境中加深对字、词的理解。

例 2.4：《张老师教汉字·汉字识写课本·下》第 48 页：认读词、词组和句子

比：比你好　　比他高　　比我们班多

民：人民　　人民币

以：可以　　以前　　以后　　以上　　以下
　　5 年以前　10 年以后

很：很好　　很多　　很少　　很高兴　很关心

出：出门　　出口

门：前门　　后门　　关门　　门口

们：我们　　你们　　他们　　她们　　人们
　　孩子们　工人们　学生们　先生们

前：前天　　前年　　前边　　前门　　前后

立足于对外汉语教学的类推研究

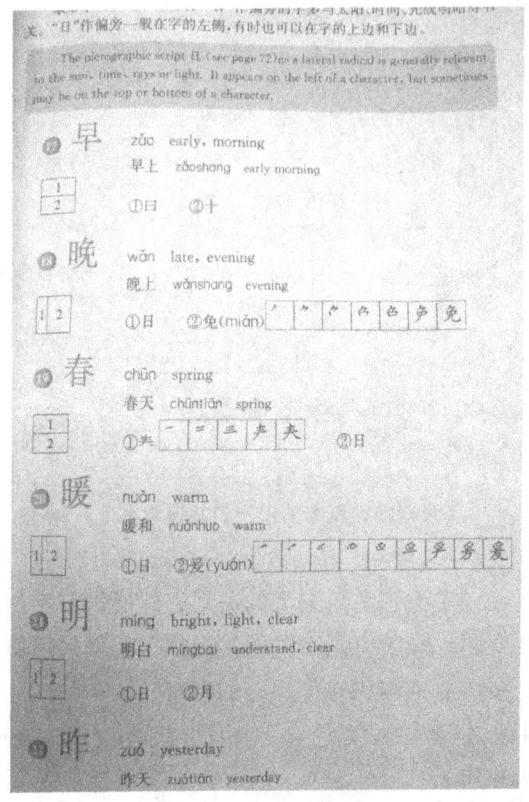

图 2.6 《张老师教汉字·汉字识写课本·上》第 145 页

有：	有人	有作业	有孩子	有工作	有美元
	有哥哥	有弟弟	有汉语书	有的人	有的学生
他：	他哥哥	他弟弟	他奶奶	他们	他们班

……

③该教材还在汉字教学的同时介绍了汉字学习策略，如再循环汉字记忆法，遇生想熟，寻找相似；以熟带生，扩展类化，在不断复现、推演中掌握尽可能多的汉字。其封底广告是这样的：汉字是由部件构成的；知道一个部件，可以认识很多汉字。

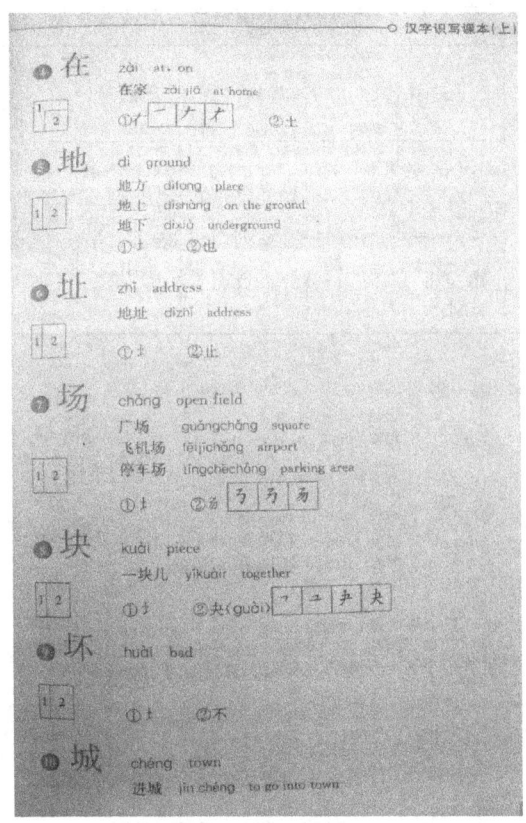

图 2.7 《张老师教汉字·汉字识写课本·下》第 155 页

二、4 类 7 部教材类推性练习的统计分析

以下就另外 4 类 7 部教材进行类推性练习的统计分析。

（一）语法类教材类推性练习统计

1. 数据来源

语法类教材类推性练习统计的数据来源，如表 2.4 所示。

立足于对外汉语教学的类推研究

表2.4 语法类教材类推性练习的数据来源

序号	类别	教材名称	教材性质	出版社	作者及出版时间	学习者层次
1	语法类	《汉语教程·第一册·上》	对外汉语本科系列教材 语言技能类	北京语言大学出版社	杨寄洲编著 2006	初级
2		《汉语教程·第一册·下》				

2. 主要练习形式

（1）类推替换练习

1）直接替换

例 2.5：《汉语教程·第一册·上》第53页

A：Nǐ shì nǎ guó rén?

B：Wǒ shì Zhōngguó rén。

```
Měiguó    Hánguó
Yīngguó   Déguó
Rìběn     Fǎguó
```

2）看图说话

例 2.6：《汉语教程·第一册·下》第110页（图2.8）

A：车站在哪儿？

B：车站在北边。

A：车站西边是什么地方？

B：是旅馆。

（2）根据例句，用类推法回答问题或者完成对话

例 2.7：《汉语教程·第一册·上》第94页

第二章 类推法在当前对外汉语教学中的应用研究

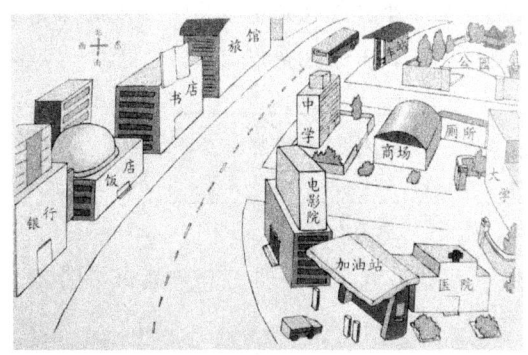

图 2.8 看图说话示例

A：你是中国人吗？
B：不是，我是韩国人。
①A：你是美国人吗？　B：_____，_____。
②A：你是老师吗？　　B：_____，_____。

例 2.8：《汉语教程·第一册·上》第 148 页
按照例句提问。
A：你家有几口人？
B：我家有六口人。
A：你们班有多少（个）学生？
B：我们班有十八个学生。
①A：_____？
　B：我有四本中文书。
②A：_____？
　B：这个公司有 20 多个职员。

（3）根据例句，类推改写

例 2.9：《汉语教程·第一册·上》第 95~96 页
改写句子。

例句：他是留学生，我也是留学生。→我们都是留学生。

①张东是中国人，田芳也是中国人。

→_____

②他是律师，他朋友也是律师。

→_____

（4）根据例句，类推组句

例 2.10：《汉语教程·第一册·上》第 96~97 页

组句。

例句：留学生 他们 是 都→他们都是留学生。

⑤都 不 我们 留学生 是→_____

⑥大夫 我爸爸 都 妈妈 是→_____

例 2.11：《汉语教程·第一册·下》第 139 页

在空格里填入适当的形容词。

例句：昨天我们在公园玩得很高兴。

①他汉语说得很_____。

②你太极拳打得不_____。

③这个音你发得不_____。

（5）词语使用的类推扩展练习

例 2.12：《汉语教程·第一册·下》第 10 页

给下列动词填上适当的宾语。

①学习：_____，_____，_____，_____

②住：_____，_____，_____，_____

③吃：_____，_____，_____，_____

（6）类推式朗读练习

例 2.13：《汉语教程·第一册·上》第 92 页

认读/朗读。

| 不是 | 不去 | 不好 | 不难 |
| 也是 | 也去 | 也买 | 也要 |

都是　　都去　　都要　　都吃
先去　　先吃　　先买　　先介绍
……

例 2.14：《汉语教程·第一册·下》第 8 页
好吧　　去吧　　走吧　　喝吧
复习课文　复习语法　预习生词　预习语法
……

例 2.15：《汉语教程·第一册·下》第 61 页
祝你生日快乐　　　祝你新年快乐
祝你圣诞快乐　　　祝你春节快乐
……

3. 类推性练习统计

语法类教材的类推性练习统计如表 2.5 所示。

表 2.5　语法类教材的类推性练习统计

课程安排①	练习数	类推练习数	所占比例/%
第 10 课《他住哪儿》	5	1	20
第 11 课《我们都是留学生》	9	6	67
第 12 课《你在哪儿学习》	9	3	33
第 13 课《这是不是中约》	9	5	56
第 14 课《你的车是新的还是旧的》	7	5	71
第 15 课《你们公司有多少职员》	9	5	56
第 16 课《你常去图书馆吗》	9	3	33

---

① 《汉语教程·第一册·上》中第 1 课至第 9 课为拼音学习和日常用语练习，基本的安排是一课一句或一课几句，主要是为了帮助学习者掌握一些最基本的汉语口语表达，类推性不强，练习中也未见有明显类推方法的内容。

续表

课程安排	练习数	类推练习数	所占比例/%
第17课《他在做什么呢》	8	4	50
第18课《我去邮局寄包裹》	9	3	33
第19课《可以试试吗》	8	3	38
第20课《祝你生日快乐》	8	2	25
第21课《我们明天七点一刻出发》	8	2	25
第22课《我打算请老师教我京剧》	9	3	33
第23课《学校里边有邮局吗》	9	3	33
第24课《我想学太极拳》	7	2	29
第25课《她学得很好》	10	4	40
第26课《田芳去哪儿了》	10	2	20
第27课《玛丽哭了》	10	2	20
第28课《我吃了早饭就来了》	10	2	20
第29课《我都做对了》	8	2	25
第30课《我来了两个多月了》	9	3	33
合计	180	65	36

初级语法类教材遵循交际性原则，表现为在课程开始之初，以帮助学习者建立对汉语的初步认识、了解汉语语音系统、掌握日常用语的常用句型为主要教学目的，课程引入的句型主要是针对某一具体交际环境而设计的（如"你好""谢谢""认识你很高兴"等），类推性不强，在课后的练习中也基本未见类推性练习。第10课以后[①]，课文中开始出现语法项目的学习，课后练习中类推性练习所占的比例介于20%~71%，平均比例达到了36%。

---

① 表2.5从第10课开始统计。

可见,类推性练习是初级语法教学中较为普遍的练习方法。

(二) 汉字类教材类推性练习统计

1. 数据来源

汉字类教材类推性练习统计的数据来源如表 2.6 所示。

表 2.6　汉字类教材类推性练习的数据来源

序号	类别	教材名称	教材性质	出版社	作者及出版时间	学习者层次
9	汉字类	《张老师教汉字·汉字识写课本练习册》	针对初学者的汉字选修课教材	北京语言大学出版社	张惠芬编著 2005	初级 初中过渡

2. 主要练习形式

(1) 形近字类推性练习

1) 比较字形

例 2.16:《张老师教汉字·汉字识写课本练习册》第 6 页
给下列汉字注音并比较异同。

上（　） 千（　） 共（　）
工（　） 午（　） 兴（　）
午（　） 天（　） 八（　） 不（　）
年（　） 关（　） 人（　） 下（　）

例 2.17:《张老师教汉字·汉字识写课本练习册》第 25 页
给下列汉字注音并比较它们的字形。

父（　） 目（　） 才（　） 小（　）
交（　） 自（　） 牙（　） 少（　）
天（　） 白（　） 儿（　） 又（　）
夫（　） 首（　） 几（　） 汉（　）

2）加笔减笔

例 2.18：《张老师教汉字·汉字识写课本练习册》第 31 页
给下列汉字加一笔变成另一个字。

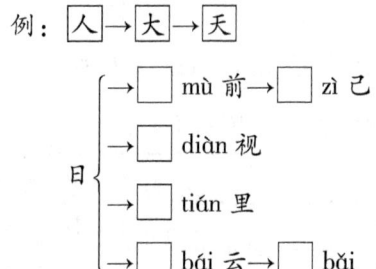

例 2.19：《张老师教汉字·汉字识写课本练习册》第 38 页
给下列汉字减一笔变成另一个字。

例：百→白

生→（　）　　　去→（　）

公→（　）　　　白→（　）

目→（　）　　　天→（　）

（2）以偏旁为纲的类推性练习

1）按照偏旁归类

例 2.20：《张老师教汉字·汉字识写课本练习册》第 63 页
把下列汉字按偏旁归类。

闻 些 鞋 驾 坐 孩 骑 聊

童 巧 在 地 块 场 球 物

轻 站 特 辆 址 城 学 功

草＿＿＿＿＿＿　　马＿＿＿＿＿＿

耳＿＿＿＿＿＿　　子＿＿＿＿＿＿

立＿＿＿＿＿＿　　工＿＿＿＿＿＿

土＿＿＿＿＿＿　　王＿＿＿＿＿＿

例 2.21：《张老师教汉字·汉字识写课本练习册》第 148 页

比较下列形似偏旁并用这些偏旁组字（图 2.9）。

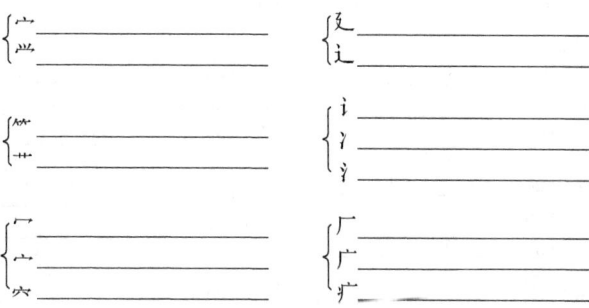

图 2.9　按照偏旁归类示例

2）形近偏旁、部件比较

例 2.22：《张老师教汉字·汉字识写课本练习册》第 102 页比较下面形似部件，写出含有下列部件的汉字（图 2.10）。

```
例 {夕（窗　）
    夂（然　）

  {圣（　）   {段（　）   {母（　）
  {圣（　）   {段（　）   {毋（　）

  {月（　）   {礻（　）   {易（　）
  {⺼（　）   {衤（　）   {勿（　）

  {匀（　）   {刀（　）   {成（　）
  {凶（　）   {力（　）   {咸（　）

  {夭（　）   {云（　）   {免（　）
  {类（　）   {亡（　）   {兔（　）

  {娄（　）   {占（　）   {戈（　）
  {姜（　）   {凸（　）   {弋（　）
                         {戋（　）
                         {戊（　）
```

图 2.10　形近偏旁、部件比较示例 1

例 2.23：《张老师教汉字·汉字识写课本练习册》第 148 页根据拼音给下列形似部件组字并组词（图 2.11）。

$\begin{cases} 冖（jìng）\underline{\qquad} \\ 夕（míng）\underline{\qquad} \\ 歹（rán）\underline{\qquad} \end{cases}$
$\begin{cases} 夬（kuài）\underline{\qquad} \\ 央（yīng）\underline{\qquad} \\ 奂（huàn）\underline{\qquad} \end{cases}$

$\begin{cases} 田（huà）\underline{\qquad} \\ 由（yóu）\underline{\qquad} \\ 甲（yā）\underline{\qquad} \end{cases}$
$\begin{cases} 臤（jǐn）\underline{\qquad} \\ 䛒（lǎn）\underline{\qquad} \end{cases}$

$\begin{cases} 聿（jiàn）\underline{\qquad} \\ 录（lù）\underline{\qquad} \end{cases}$
$\begin{cases} 卯（yíng）\underline{\qquad} \\ 戼（liú）\underline{\qquad} \end{cases}$

图 2.11　形近偏旁、部件比较示例 2

3）寻找偏旁、部件

例 2.24：《张老师教汉字·汉字识写课本练习册》第 86 页给下列各组汉字注音并找出它们相同的部件。

对　第　特　跟　板　跑　饺　种　站　暖　睛　踢
衬　弟　等　银　饭　饱　较　钟　点　爱　精　易

例 2.25：《张老师教汉字·汉字识写课本练习册》第 117 页给下列汉字注音并写出它们的形旁。

例：观（guān）<u>见</u>

码（　）_____　带（　）_____　船（　）_____

雪（　）_____　贸（　）_____　帽（　）_____

费（　）_____　览（　）_____　货（　）_____

胃（　）_____　刻（　）_____　说（　）_____

爬（　）_____　暖（　）_____　物（　）_____

场（　）_____　热（　）_____　脱（　）_____

躲（　）_____　期（　）_____　拳（　）_____

忙（　）_____　钱（　）_____

4）根据部件写汉字

例 2.26：《张老师教汉字·汉字识写课本练习册》第 87 页找出正确的部件组字（图 2.12）。

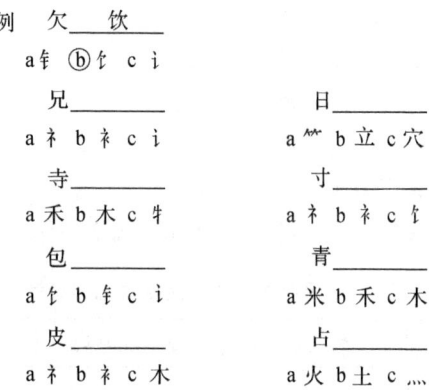

图 2.12　根据部件写汉字示例

（3）形声字为纲的类推性练习

例 2.27：《张老师教汉字·汉字识写课本练习册》第 88 页给下列汉字注音，写出它们的声旁并给声旁注音。

例：吗（ma） 马（mǎ）

吧( )＿＿( ) 钟( )＿＿( ) 蚊( )＿＿( )

齿( )＿＿( ) 辆( )＿＿( ) 球( )＿＿( )

爬( )＿＿( ) 饺( )＿＿( ) 起( )＿＿( )

校( )＿＿( ) 样( )＿＿( ) 功( )＿＿( )

让( )＿＿( ) 啡( )＿＿( ) 城( )＿＿( )

（4）以造字方法为纲的类推性练习

例 2.28：《张老师教汉字·汉字识写课本练习册》第 167 页根据会意字的造字方法猜一猜下列汉字的意思。

例：尖：上面小，下面大　嵩：山高

奔：_____　　岩：_____

歪：_____　　俩：_____

灾：_____　　众：_____

森：_____　　晶：_____

男：_____　　焚：_____

分：_____　　淼：_____

甬：_____　　孬：_____

3. 类推性练习统计

汉字类教材的类推性练习统计如表 2.7 所示。

表 2.7　汉字类教材的类推性练习统计

课程	练习数	类推练习数	所占比例/%
第 1 课	8	1	13
第 2 课	10	2	20
第 3 课	8	0	0
第 4 课	7	2	29
第 5 课	9	3	33
第 6 课	9	2	22
第 7 课	8	2	25
第 8 课	8	3	38
第 9 课	9	3	33
第 10 课	10	4	40
第 11 课	8	2	25
第 12 课	9	3	33
第 13 课	9	4	44
第 14 课	7	2	29
第 15 课	8	2	25

续表

课程	练习数	类推练习数	所占比例/%
第16课	9	3	33
第17课	7	2	29
第18课	8	3	38
第19课	10	4	40
第20课	7	1	14
第21课	8	3	38
第22课	9	3	33
第23课	10	4	40
第24课	10	5	50
第25课	8	3	38
总复习	9	5	56
合计	222	71	32

在汉字教学中运用类推方法，是目前汉语分课型教学中研究最广、成果最多的领域。从上述调查结果看，类推性练习在汉字教学中的分布呈现出4个主要特点。

①汉字教学之初即引入类推性练习。

②汉字的内在类推性质可以为初学者接受。

③类推性练习的分布较为平均，说明类推学习法在汉字学习中的普遍性。

④总体的态势前低后高，在教材最后的若干章节中，类推性练习的比例总体偏高，说明运用类推法进行汉字学习可以采用综合手段进行。

（三）口语类教材类推性练习统计

1. 数据来源

口语类教材类推性练习统计的数据来源如表 2.8 所示。

表 2.8　口语类教材类推性练习的数据来源

序号	类别	教材名称	教材性质	出版社	作者及出版时间	学习者层次
10	口语类	《汉语会话 301 句·上册》	针对初学者的汉语速成教材	北京语言大学出版社	康玉华、来思平编著 2005	初级
11		《汉语会话 301 句·下册》				初中过渡

2. 主要练习形式

（1）类推式朗读练习

例 2.29：《汉语会话 301 句·上册》第 15 页

也来	很好	谢谢你	老师再见
都来	也很好	谢谢您	王兰再见
再来	都很好	谢谢你们	爸爸、妈妈再见
		谢谢老师	

例 2.30：《汉语会话 301 句·上册》第 24 页

不好	都不忙	不累
不太好	也很忙	不太累
	都很忙	都不累

例 2.31：《汉语会话 301 句·上册》第 54 页

做什么	他的生日	星期日下午	看电视
买什么	我的宿舍	明天上午	听音乐
		今天晚上	写信

第二章 类推法在当前对外汉语教学中的应用研究

例 2.32：《汉语会话 301 句·上册》第 182 页
起得很早　　　走得很快　玩得很高兴
生活得很愉快　穿得很多　演得好极了
休息得不太好　来得不晚　写得不太慢

例 2.33：《汉语会话 301 句·下册》第 60 页
买礼物　　　　　　来得了
送礼物　　　　　　来不了
生日礼物　　　　　吃得了
结婚礼物　　　　　吃不了

（2）类推式造句练习

例 2.34：《汉语会话 301 句·上册》第 81~82 页
例：家　在　→　王老师的家在北京大学。
①商店　在
②谁　认识
③一起　听

例 2.35：《汉语会话 301 句·上册》第 155 页
例：六点半起床　七点起床　→　你六点半起床还是七点起床？
①去北海公园　去动物园
②看电影　看杂技
③坐汽车去　骑自行车去
④你去机场　他去机场
⑤今年回国　明年回国

例 2.36：《汉语会话 301 句·上册》第 101 页
用动词的重叠式造句。
例：问→问问老师，明天上课吗？
介绍　看　听　学习　休息　玩儿

例 2.37：《汉语会话 301 句·下册》第 18 页
用"可是"完成句子。

①他六十岁了，_____。

②今天我去小王家找他，_____。

③他学汉语的时间不长，_____。

④这种苹果不贵，_____。

⑤我请小王去看电影，_____。

例 2.38：《汉语会话 301 句·下册》第 18 页

仿造例子用动态助词"了"造句。

例：买　词典→昨天我买了一本词典。

①喝　啤酒

②照　照片

③复习　两课生词

④翻译　几个句子

⑤开　会

⑥买　纪念邮票

例 2.39：《汉语会话 301 句·下册》第 99 页

例：我喜欢小狗，还喜欢熊猫。→除了小狗以外，我还喜欢熊猫。

①我每天都散步，还打太极拳。

②他会说英语，还会说汉语。

③在北京他去过长城，没去过别的地方。

④我们班大卫会划船，别的人不会划船。

例 2.40：《汉语会话 301 句·下册》第 122 页

根据情况，用趋向补语和下边的词语造句。

例：进候机室（说话人在外边）→刚才他进候机室去了。

①上　山　　　（说话人在山下）

②进　教室　　（说话人在教室）

③进　公园　　（说话人在公园外）

④下　楼　　　（说话人在楼下）

⑤回　家　　　　（说话人在外面）

（3）类推式填空练习

例 2.41：《汉语会话 301 句·上册》第 109 页

填入适当的量词，然后用"几"或"多少"提问。

例：我要三_____橘子。→我要三<u>斤</u>橘子。你要几斤橘子？

①我想买一_____可乐。

②我要买两_____衣服。

③我家有五_____人。

④两个苹果要五_____六_____。

⑤这是六_____苹果。

⑥那个银行有二十五_____职员。

⑦这课有十七_____生词。

（4）类推式改写练习

例 2.42：《汉语会话 301 句·上册》第 135 页

仿造例句改写句子。

例：这是一件新毛衣。→这件毛衣是新的。

①这是妹妹的邮票。

②那是一本新书。

③这是大卫的照相机。

④这是一个日本电影。

例 2.43：《汉语会话 301 句·上册》第 172 页

用"一……也"改写句子。

例：我没休息。（天）　→我一天也没休息。

①今天我没喝啤酒。（瓶）

②我没去过动物园。（次）

③在北京他没骑过自行车。（次）

④今天我没带钱。（分）

⑤他不认识汉字。(个)

例2.44：《汉语会话301句·下册》第70页

把下列句子改成存现句。

例：有两个人往这边走来了。→前边来了两个人。

①有两个新同学到我们班来了。

②一支铅笔、一个本子放在桌子上。

③两个中国朋友到我们宿舍来了。

④一辆汽车从那边开来了。

例2.45：《汉语会话301句·下册》第113页

仿造例子，把下面的句子改成疑问句。

例：昨天我们跳舞跳了两个小时。→昨天你们跳舞跳了几个小时？或：昨天你们跳舞跳了多长时间？

①我来北京的时候，坐飞机坐了十二个小时。

②昨天我爬山爬了三个小时。

③今天早上我吃饭吃了一刻钟。

④从这儿到北海，骑车要骑一个多小时。

⑤昨天我们划船划了两个小时。

（5）类推式声调练习

例2.46：《汉语会话301句·上册》第34页

读下列词语：第一声+第一声

fēijī	飞机	cānjiā	参加
fāshēng	发生	jiāotōng	交通
qiūtiān	秋天	chūntiān	春天
xīngqī	星期	yīnggāi	应该
chōuyān	抽烟	guānxīn	关心

3. 类推性练习统计

口语类教材的类推性练习统计如表2.9所示。

表2.9　口语类教材的类推性练习统计

课程 上册	练习数	类推练习数	所占比例/%
第1课《你好》	4	0	0
第2课《你身体好吗》	4	1	25
第3课《你工作忙吗》	4	1	25
第4课《您贵姓》	4	1	25
第5课《我介绍一下》	5	1	20
第6课《你的生日是几月几号》	5	2	40
第7课《你家有几口人》	5	2	40
第8课《现在几点》	6	1	17
第9课《你住在哪儿》	5	2	40
第10课《邮局在哪儿》	5	1	20
第11课《我要买橘子》	6	2	33
第12课《我想买毛衣》	6	2	33
第13课《要换车》	6	1	17
第14课《我要去换钱》	6	1	17
第15课《我要照张相》	6	3	50
第16课《你看过京剧吗》	6	1	17
第17课《去动物园》	5	3	60
第18课《路上辛苦了》	5	2	40
第19课《欢迎你》	7	2	29
第20课《为我们的友谊干杯》	7	2	29

续表

课程 下册	练习数	类推练习数	所占比例/%
第21课《请你参加》	6	2	33
第22课《我不能去》	6	1	17
第23课《对不起》	6	0	0
第24课《真遗憾我没见到他》	6	2	33
第25课《这张画真美》	6	0	0
第26课《祝贺你》	7	2	29
第27课《你别抽烟了》	6	2	33
第28课《今天比昨天冷》	7	2	29
第29课《我也喜欢游泳》	6	1	17
第30课《请你慢点儿说》	7	3	43
第31课《那儿的风景美极了》	6	2	33
第32课《你的钱包忘在这儿了》	8	3	38
第33课《有空房间吗》	7	2	29
第34课《我头疼》	6	1	17
第35课《你好点儿了吗》	6	3	50
第36课《我要回国了》	8	1	13
第37课《真舍不得你们走》	7	2	29
第38课《这儿托运行李吗》	7	2	29
第39课《不能送你去机场了》	7	2	29
第40课《祝你一路平安》	8	2	25
合计	240	66	28

口语类教材类推性练习的特点可以概括为如下两个方面。

①类推性练习在口语教学中的分布在数量和比例上不及语法类教材和汉字类教材。可能是因为口语练习较多依赖语境等进行,变化较大,过多的类推性练习设计会束缚学习者的表达。

②类推性练习的分布不够均匀,有的章节类推性练习的比例高达50%,有的章节则完全没有类推性练习,这说明类推性练习还不是口语练习稳定、突出的形式。

(四)阅读类教材类推性练习统计

1. 数据来源

阅读类教材类推性练习的数据来源如表2.10所示。

表2.10 阅读类教材类推性练习的数据来源

序号	类别	教材名称	教材性质	出版社	作者及出版时间	学习者层次
14	阅读类	《初级汉语阅读教程·Ⅱ》	北大版基础教程系列	北京大学出版社	张世涛、刘若云编著 1999	中级
15		《中级汉语阅读教程·Ⅰ》	北大版长期进修汉语教程		徐霄鹰主编 2009	中高过渡

2. 主要练习形式

(1)《初级汉语阅读教程·Ⅱ》的主要形式

以下以第2课《偏正式词语》为例,看课本如何开展"词汇""阅读技巧"的类推练习。第2课主要学习"偏正式词语"。在"技能"环节,首先介绍了"偏正式词语"的含义(图2.13)。

本课设计了如下练习内容。

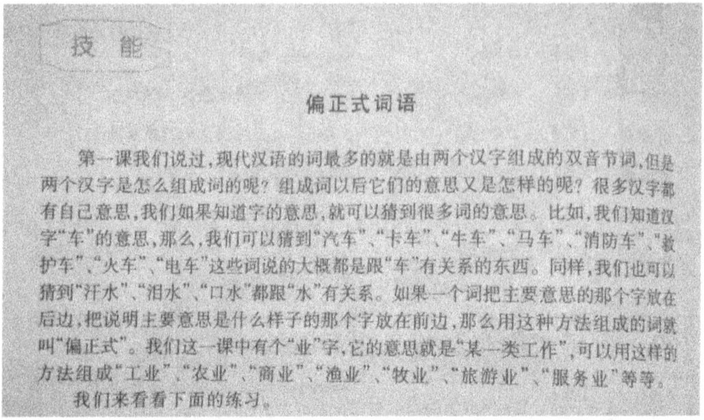

立足于对外汉语教学的类推研究

> **技 能**
>
> **偏正式词语**
>
> 　　第一课我们说过，现代汉语的词最多的就是由两个汉字组成的双音节词，但是两个汉字是怎么组成词的呢？组成词以后它们的意思又是怎样的呢？很多汉字都有自己意思，我们如果知道字的意思，就可以猜到很多词的意思。比如，我们知道汉字"车"的意思，那么，我们可以猜到"汽车"、"卡车"、"牛车"、"马车"、"消防车"、"救护车"、"火车"、"电车"这些词说的大概都是跟"车"有关系的东西。同样，我们也可以猜到"汗水"、"泪水"、"口水"都跟"水"有关系。如果一个词把主要意思的那个字放在后边，把说明主要意思是什么样子的那个字放在前边，那么用这种方法组成的词就叫"偏正式"。我们这一课中有个"业"字，它的意思就是"某一类工作"，可以用这样的方法组成"工业"、"农业"、"商业"、"渔业"、"牧业"、"旅游业"、"服务业"等等。
> 　　我们来看看下面的练习。

图 2.13　偏正式词语的含义

1）找同类

例 2.47[①]：

找找同类的词语。

①跟"飞机"同类的词是：机枪　机密　相机　机箱　手机

②跟"钢笔"同类的词是：笔记　毛笔　笔盒　铅笔　笔试

③跟"书包"同类的词是：钱包　包括　包子　提包　背包

④跟"篮球"同类的词是：球场　足球　排球　球星　球票

⑤跟"教室"同类的词是：室外　卧室　浴室　室内　教室

---

① 这部分练习举例均来自《初级汉语阅读教程·Ⅱ》第2课，未标明页码。

第二章　类推法在当前对外汉语教学中的应用研究

2）猜词

例 2.48：

下面的词我们可能没有学过，但是每个字我们都学过，我们来猜猜它们是什么意思。

校医　毛线　歌剧　特区　客车　乐器　雨鞋　金鱼　会场　教堂

3）组词

例 2.49：

用下面的字组成几个偏正式词语。

① 机　机　机　　② 菜　菜　菜
③ 剧　剧　剧　　④ 鞋　鞋　鞋
⑤ 衣　衣　衣　　⑥ 节　节　节
⑦ 灯　灯　灯　　⑧ 酒　酒　酒
⑨ 树　树　树　　⑩ 表　表　表

再以第 4 课《汉字·声符》、第 5 课《汉字·义符》为例，看课本是如何开展"汉字""阅读技巧"的类推练习的。

第 4 课的技能训练是"汉字·声符"（图 2.14）。

图 2.14　汉字·声符的技能训练

立足于对外汉语教学的类推研究

例 2.50①：

看拼音找汉字（把汉字的号码写在括号里。这些汉字都很难，都是丁级字）。

A. liáo(　)　B. bīn(　)　C. biān(　)　D. wān(　)
E. chāng(　)　F. jù(　)　G. fěi(　)　H. zhī(　)
I. zào (　)　J. liú(　)　K. xī(　)　L. bā(　)
M. qīng(　)　N. gū(　)　O. jiā(　)　P. jiāo(　)
Q. hé(　)　R. tì(　)　S. tán(　)　T. duàn(　)

(1) 疤　　(2) 鞭　　(3) 猖　　(4) 滨　　(5) 缎
(6) 诽　　(7) 菇　　(8) 脂　　(9) 豌　　(10) 榴
(11) 惧　　(12) 氢　　(13) 娇　　(14) 噪　　(15) 辽
(16) 荷　　(17) 嘉　　(18) 熄　　(19) 剃　　(20) 痰

例 2.51：

给我们课文中的一些汉字注上拼音，再找一个跟这个字一样的声符的读音相同或相近的字。

例：证（zhèng）；政

　拼音　　汉字　　　　　拼音　　汉字
挑（　）；____　　　　选（　）；____
速（　）；____　　　　价（　）；____
趣（　）；____　　　　伙（　）；____
护（　）；____　　　　较（　）；____

例 2.52：

看看下面哪些汉字的读音接近。

幅　纲　招　提
痰　福　岗　题
毯　诏　匾　编

---

① 这部分练习举例均来自《初级汉语阅读教程·Ⅱ》第4课。

茵 茭 怒 姻 努 较

例 2.53：

下面的词语你们可能没有学过，没关系，你读一下，问问老师你读对了没有。

腐烂　疲惫　阻拦　清醒

疤痕　清晰　搬迁　凄惨

蚂蚁　荔枝

例 2.54：

我们用前两课学过的阅读技能分析一下这些词的意思，不知道没关系，知道多少做多少。

腐烂　疲惫　阻拦　清醒

疤痕　清晰　搬迁　凄惨

第 5 课的技能训练是"汉字·义符"（图 2.15）。

技能

汉字·义符

上一课我们介绍了怎么用汉字的声符来念不认识的字的方法，这一课我们来认识几个汉字的义符。义符是表示汉字意思的偏旁，一般在汉字的左边或者上边，如"江"、"抬"、"花"、"篮"。我们来看看这几个偏旁的意思：

1. 氵：意思是水，由它可以组成许多字，如"河"、"湖"；
2. 讠：意思是语言，由它可以组成许多字，如"话"、"课"；
3. 心、忄：意思是心，由它可以组成许多字，如"想"、"忘"、"恨"、"惊"；
4. 扌：意思是手，由它可以组成许多字，如"推"、"拉"；
5. 犭：意思是动物，由它可以组成许多字，如"猫"、"狗"；
6. 火：意思是火，由它可以组成许多字，如"炒"、"烧"；
7. 木：意思是树木，由它可以组成许多字，如"桦"、"松"；
8. 月：意思是身体，由它可以组成许多字，如"胃"、"脑"；
9. 疒：意思是病，由它可以组成许多字，如"疼"、"癌"；
10. 艹：意思是草，由它可以组成许多字，如"花"、"菜"；
11. 衤：意思是衣物，由它可以组成许多字，如"裤"、"衫"；
12. 饣：意思是饮食，由它可以组成许多字，如"饿"、"饼"；
13. 口：意思是嘴，由它可以组成许多字，如"吃"、"叫"；
14. 虫：意思是虫子，由它可以组成许多字，如"蚊"、"蛇"；
15. 鸟：意思是鸟类，由它可以组成许多字，如"鸡"、"鸭"。

图 2.15　汉字·义符的技能训练

立足于对外汉语教学的类推研究

例 2.55[①]：
看句子，猜黑体字词语的意思。
①我们在**滨海**大道散步。
②他的照片周围放着**松柏**。
③小孩子大叫：**狼**来了！
④他擦了擦脸上的**汗**。
⑤小孩子在看**蚂蚁**搬家。
⑥北京人冬天爱吃**涮**羊肉。
⑦她**拨**了拨头发。
⑧福建的**馄饨**很有名。
⑨很多年轻人的脸上有**痤疮**。
⑩大家都在**议论**这件事。
⑪这个孩子太**馋**了。
⑫奶奶很**唠叨**。
⑬这个汤有点儿**烫**。
⑭我去商店买**袜子**。
⑮河边的**芦苇**里有很多小鸟。

例 2.56：
找出下面词语里汉字的声符和义符，试试读一下并说出词语的意思。

讥讽 拇指 芬芳 叫唤 猩猩
饥饿 恍惚 汪洋 栏杆 脂肪
烘烤 愤愤 裤衩 蝌蚪 痱子 痒

教材中的其他练习形式还有如下方面。

1）猜词
例 2.57：《初级汉语阅读教程·Ⅱ》第 77 页

---

① 这部分练习举例均来自《初级汉语阅读教程·Ⅱ》第 5 课。

猜猜黑体字的词的大概意思。(笔者注:只选取了单号例题)

①陈晓梅喝着**咖啡**看电视。
A. 人的名字　　　　　　　B. 饮料的名字
C. 杂志的名字　　　　　　D. 电视的名字

③明明发烧,大夫给他开了**银翘解毒丸**。
A. 一种药　　B. 一种菜　　C. 一种人　　D. 一种笔

⑤李平在房间里抽**大红鹰**,他的同屋很不高兴。
A. 烟的名字　B. 酒的名字　C. 车的名字　D. 颜色的名字

2)由字义到词义

例 2.58:《初级汉语阅读教程·Ⅱ》第 20 页

请说说每个汉字的意思,再用这个汉字组一个词或词组,然后找找哪些是联合式的词。

例:快乐　快:高兴—愉快;乐:高兴—欢乐
知识　改变　一定　学习　真正　学校　上课　大学

3)方法类推

例 2.59:《初级汉语阅读教程·Ⅱ》第 58 页(技能:词语互释)

看看下面黑体字的词语是什么意思?(笔者注:只选取了单号例题)

①他是个**倔老头**,谁的话他都不听。
③他俩**一见钟情**,认识一个月就谈恋爱了。
⑤我感到很**迷惑**,不明白到底是为什么。
⑦他办事很**周到**,什么事情都安排得很好。
⑨他**威胁**我说:"你要是不给我,我就杀死你。"
⑪这个人做什么事情都不专心,**三心二意**的。

例 2.60:《初级汉语阅读教程·Ⅱ》第 68 页(技能:词语互释)

第2题：试一试完成下列句子，再猜猜它们的意思。（笔者注：只选取了单号例题）

①不管是_____的南方，还是寒冷的北方，大家都走上街头庆祝胜利。

③哥哥喜欢开快车，我不喜欢，我喜欢_____。

⑤你们先别高兴，上山_____下山难，下山的时候才麻烦呢。

例 2.61：《初级汉语阅读教程·Ⅱ》第 87 页（技能：根据上下文猜词）

第2题：根据汉语相对、相反的表达习惯填空。

①_____一世，糊涂一时

②他跑得上气不接_____气。

③对不起，我是_____口无心，我不是说你不好。

④他早就知道了，只不过睁一只眼，_____一只眼。

⑤听他说话真难受，_____一句没一句的。

⑥我看见一个人在门口东张_____望。

⑦长江_____浪推前浪。

⑧这支队伍南征_____战。

例 2.62：《初级汉语阅读教程·Ⅱ》第 145 页（技能：汉语句子中词语的对应）

第1题：分析"有心栽花花不开，无意插柳柳成阴"。

① "有心"跟"无意"的意思　　（A. 相似　B. 相反）

② "栽"跟"插"的意思　　　　（A. 相似　B. 相反）

③ "花"跟"柳"的意思　　　　（A. 相似　B. 相反）

④ "不开"和"成阴"的意思　　（A. 相似　B. 相反）

例 2.63：《初级汉语阅读教程·Ⅱ》第 145～146 页（技能：汉语句子中词语的对应）

第2题：分析"贫居闹市无人问，富在深山有远亲"。

①跟"贫"意思相反的是_____。

②跟"闹市"意思相反的是_____。

例 2.64：《初级汉语阅读教程·Ⅱ》第 146 页（技能：汉语句子中词语的对应）

第3题：读下面的成语，看看哪个词跟哪个词可以相对，再猜一猜这个成语的意思。

①牛唇不对马嘴

②前怕狼，后怕虎

③眉开眼笑

④朝三暮四

⑤心平气和

⑥国泰民安

⑦三心二意

⑧三番五次

⑨有血有肉

⑩有眼无珠

例 2.65：《初级汉语阅读教程·Ⅱ》第 148 页（技能：汉语句子中词语的对应）

第10题：读下面的成语，分析一下成语中哪个字跟哪个字相对，再猜猜这个成语的意思。

①五光十色

②千变万化

③前因后果

④神出鬼没

⑤翻江倒海

⑥投桃报李

⑦喜闻乐见

⑧甜言蜜语

立足于对外汉语教学的类推研究

⑨多才多艺

⑩山清水秀

例 2.66：《初级汉语阅读教程·Ⅱ》第 146 页（技能：汉语句子中词语的对应）

第 4 题：根据汉语成语的结构规律填空。

①三言两（　）

②大同（　）异

③（　）高地厚

④头重脚（　）

⑤万（　）千山

⑥（　）赴后继

⑦山清（　）秀

⑧（　）嘲热讽

⑨人山人（　）

⑩有口（　）心

4）扩展练习

例 2.67：《初级汉语阅读教程·Ⅱ》第 108 页

扩展句子：他参观工厂。

①_____工厂。

②_____工厂。

③_____工厂。

④_____工厂。

⑤_____工厂。

(2)《中级汉语阅读教程·Ⅰ》的主要练习形式

1）阅读技能"偏旁分析"部分 4 课练习的形式基本相同。主要有如下 3 种类型。

类型 1——写出有这个形旁的字

例 2.68：《中级汉语阅读教程·Ⅰ》第 11 页

写出有这个形旁的字,每个形旁写3个。

氵　讠　木　月　亻

心　灬　冫　贝　扌

类型2——同义替换

例2.69:《中级汉语阅读教程·Ⅰ》第11页

请选择下面这段话说的是哪个词。(笔者注:只选取了单号例题)

①把东西放在有水的锅里烧。

A. 洗　　　B. 煮　　　C. 拌　　　D. 画

③人从肩膀到手以上的部分。

A. 胳膊　　B. 把手　　C. 打手　　D. 扛

⑤给别人钱财,让他们为自己做事。

A. 贿赂　　B. 豺狼　　C. 线索　　D. 买办

⑦淹没在水里。

A. 捕　　　B. 溺　　　C. 雹　　　D. 炒

⑨因为自己有缺点,做错了事而感到不安。

A. 残酷　　B. 回避　　C. 减少　　D. 惭愧

类型3——同义替换

例2.70:《中级汉语阅读教程·Ⅰ》第18页

选出与画线部分意思接近的项。(笔者注:只选取了双号例题)

②他患了<u>痢疾</u>。

A. 利益　　B. 丢失　　C. 一种工具　D. 一种病

④他<u>嘀嘀咕咕</u>的。

A. 比较传统　B. 瘦瘦高高　C. 很爱运动　D. 小声说话

⑥中国的西南高原<u>层峦叠嶂</u>,郁郁葱葱。

A. 堡垒　　B. 山势起伏,连绵不断

C. 障碍　　D. 空气清新,景色宜人

立足于对外汉语教学的类推研究

⑧把衣服<u>烘</u>一烘。
A. 洗　　　B. 烤　　　C. 理　　　D. 拱
⑩<u>轱辘</u>坏了，不能用了。
A. 山麓　　B. 麋鹿　　C. 轮子　　D. 痼疾

2）在"词语互释""通过上下文推测生词"2种技能7课的练习中，主要涉及这样一些类推性练习。

例2.71：《中级汉语阅读教程·Ⅰ》第90页（技能：同义词互释）

根据同义词互释，判断画线词语的意思。（笔者注：只选取了单号例题）

①她很<u>害羞</u>，一见到陌生人就不好意思说话。
③他一次能喝一斤茅台酒，真是<u>海量</u>。
⑤我这部照相机是<u>无价之宝</u>，给我多少钱都不会卖的。
⑦他的生活很<u>颓废</u>，整天除了喝酒就是睡觉，什么也不干。
⑨他是个<u>穷凶极恶</u>的罪犯，杀人放火，什么坏事都干。

例2.72：《中级汉语阅读教程·Ⅰ》第98页（技能：反义词互释）

对比画线的词语来理解它们的意思。（笔者注：只选取了单号例题）

①她对人很<u>冷淡</u>，没一点儿热情。
③我不喜欢过奢侈的生活，我认为<u>俭朴</u>的生活是最好的。
⑤她每天都去学校，从来不<u>旷课</u>。
⑦他刚来的时候瘦得<u>皮包骨</u>，现在却胖得不得了。
⑨<u>刻意</u>做的东西有时还不如随意做的好。

例2.73：《中级汉语阅读教程·Ⅰ》第105页（技能：利用类比结构互释）

①这个东西呈圆锥形，形状就像一座富士山。
②他做事慢得像蜗牛一样。

③她慈祥得跟母亲似的。

④他蠢得像头猪。

⑤瞎子就是眼睛看不见东西的人。

⑥荷花即莲花。

⑦麦克风和话筒是一回事。

3）还有一些应用上下文进行推测的方法。

a. 通过句法关系搭配类推

汉语的基本语序是主—谓—宾，三者彼此之间的搭配也并不随意，有内在限定和联系。如从"他刚刚吃了两块驴打滚"，我们可以推测出"驴打滚"是一种吃的东西。阅读课本中也有很多这样的类推练习。

例2.74：《中级汉语阅读教程·Ⅰ》第120页

根据句法搭配关系推测画线词语的意思。（笔者注：只选取了双号例题）

②医生让她打<u>青霉素</u>。

④他在喝"<u>健力宝</u>"。

⑥朋友请我抽"<u>红塔山</u>"。

⑧<u>昊昊</u>在做作业。

⑩姐姐在厨房<u>炖鸡</u>，我们在客厅都闻到了香味。

b. 通过前后意思类推

人们在使用语言的时候，句子和句子之间往往不是孤立的，总是有着各种各样的联系。有时候，前面的句子是叙述，后面的句子是总结；有时候，前面的句子是总结，后面的句子是具体的解释说明。找出句子之间的内在联系，就可以帮助我们很好地推测意思。例如：

这本书没劲透了，我看了几页就不想看了。

由后面的句子，我们很容易就能感觉到"没劲透了"是对书的一种否定描述。

例2.75:《中级汉语阅读教程·Ⅰ》第129页

根据前后句子的意思推测画线词语的意思。(笔者注:只选取了单号例题)

①李刚想读中文系,又想读法律系,很<u>犹豫</u>。

③张云不跟人打招呼,不帮助别人,昨天她的同屋发高烧,她像没看见一样,对人非常<u>冷淡</u>。

⑤邻居家那个三岁的小孩身体真<u>差劲</u>,上个月才住了一次医院,最近又住院了。

⑦王医生医术<u>精湛</u>,找他看病的人特别多,有的病人天没亮就到医院排队挂号。

c. 通过句子的对立意义推测

例2.76:《中级汉语阅读教程·Ⅰ》第138页

根据句子前后对立意义推测画线词语的意思并将其大致意思写在括号里。(笔者注:只选取了单号例题)

①这件事儿你要认真想清楚,不要这么<u>草率</u>。(　　)

③林红对人很热情,不像她妹妹那么<u>冷淡</u>。(　　)

⑤我以为他会接受,没想到他<u>拒绝</u>了。(　　)

⑦刘敏很喜欢吃榴梿,我却很讨厌,觉得特别臭。(　　)

综上所述,2部阅读类教材中的类推性练习大致可以分为2类。

一是一般性练习,包括:①找同类词语;②猜测词语的意思;③组词;④看拼音找汉字;⑤看句子猜词语意思;⑥找出汉字的声符和义符;⑦先说字义,再组词。

二是方法类练习,包括:①利用词语互释法,解释词语意思;②利用上下文猜词法,猜测词语意思;③利用汉语中句法关系的对应,猜测词语的意思;④扩展练习。

3. 类推练习统计

2部阅读类教材的类推练习统计,如表2.11、表2.12所示。

表 2.11 《初级汉语阅读教程·Ⅱ》类推练习统计

课程	阅读技能	练习数	类推练习数	所占比例/%
第 1 课	词的划分	4	0	0
第 2 课	偏正式词语	5	4	80
第 3 课	联合式词语	4	3	75
第 4 课	汉字·声符	5	5	100
第 5 课	汉字·义符	3	2	67
第 6 课	简称	5	2	40
第 7 课	词语互释（1）	1	1	100
第 8 课	词语互释（2）	2	2	100
第 9 课	根据上下文猜词（1）	3	2	67
第 10 课	根据上下文猜词（2）	3	3	100
第 11 课	找出句子的主要成分（1）	3	0	0
第 12 课	找出句子的主要成分（2）	4	1	25
第 13 课	找出句子的主要成分（3）	2	0	0
第 14 课	关联词语	2	0	0
第 15 课	找出主要的词（1）	2	1	50
第 16 课	汉语句子中词语的对应	5	5	100
第 17 课	找结论	3	1	33
第 18 课	总结文章主要内容和观点	1	0	0
第 19 课	体会文章风格和作者态度	1	0	0
第 20 课	复习部分阅读技能	10	4	40
合计		68	36	53

表 2.12 《中级汉语阅读教程·Ⅰ》类推练习统计①

课程	阅读技能	练习数	类推练习数	所占比例/%
第1课	快速阅读介绍	0	0	0
第2课	猜词之一：偏旁分析（一）	3	3	100
第3课	猜词之一：偏旁分析（二）	3	3	100
第4课	猜词之一：偏旁分析（三）	3	3	100
第5课	猜词之一：偏旁分析（四）	3	3	100
第6课	猜词之二：通过语素猜词（一）	3	2	67
第7课	猜词之二：通过语素猜词（二）	2	1	50
第8课	猜词之二：通过语素猜词（三）	3	2	67
第9课	猜词之二：通过语素猜词（四）	3	2	67
第10课	单元复习			
第11课	猜词之三：简称（一）	2	2	100
第12课	猜词之三：简称（二）	3	3	100
第13课	猜词之四：词语互释（一）	1	1	100
第14课	猜词之四：词语互释（二）	2	2	100
第15课	猜词之四：词语互释（三）	2	2	100
第16课	猜词之五：通过上下文推测生词（一）	2	2	100

---

① "单元复习"的练习数未纳入统计。

续表

课程	阅读技能	练习数	类推练习数	所占比例/%
第17课	猜词之五：通过上下文推测生词（二）	2	2	100
第18课	猜词之五：通过上下文推测生词（三）	2	2	100
第19课	猜词之五：通过上下文推测生词（四）	2	2	100
第20课	单元复习			
第21课	句子理解之一：压缩句子（一）	2	0	0
第22课	句子理解之一：压缩句子（二）	2	0	0
第23课	句子理解之二：抽取主干（一）	2	0	0
第24课	句子理解之二：抽取主干（二）	2	0	0
第25课	句子理解之二：抽取主干（三）	?	0	0
第26课	句子理解之三：抓住关键词及关键标点符号	1	0	0
第27课	句子理解之四：抓关联词语（一）	2	0	0
第28课	句子理解之四：抓关联词语（二）	2	0	0

续表

课程	阅读技能	练习数	类推练习数	所占比例/%
第29课	句子理解之四：抓关联词语（三）	3	0	0
第30课	单元复习			
合计		59	37	63

识字识词能力的提高是提升汉语阅读水平的关键，因此，初级和中级阅读教材在类推性练习的设计和使用上围绕这一教学中心呈现出鲜明的特点：在涉及汉字、词语的阅读技能的章节，类推性练习是占据主要位置的练习形式。

在《初级汉语阅读教程·Ⅱ》中，以"偏正式词语"（第2课）、"联合式词语"（第3课）、"汉字·声符"（第4课）、"汉字·义符"（第5课）、"词语互释"（第7课、第8课）、"根据上下文猜词"（第9课、第10课）、"汉语句子中词语的对应"（第16课）为主要阅读技能的章节里，类推性练习所占的比例最低为67%，最高为100%。

在《中级汉语阅读教程·Ⅰ》中，以"偏旁分析"（第2课至第5课）、"通过语素猜词"（第6课至第9课）、"简称"（第11课、第12课）、"词语互释"（第13课至第15课）、"通过上下文推测生词"（第16课至第19课）为主要阅读技能的章节里，类推性练习所占的比例最低为50%，最高为100%。在从第2课至第19课的18个章节中，类推性练习所占比例为100%的达13课之多。

与之形成鲜明对比的是，《初级汉语阅读教程·Ⅱ》在涉及句子成分、关联词语、内容观点、文章风格等内容的练习中，类推性练习所占的比例很低。《中级汉语阅读教程·Ⅰ》第21课至第29课，主要培养学生的"句子理解"技能，在该部分，类推性练习完全没有出现。

(五) 4 类教材中类推性练习的对比分析

4 类教材中类推性练习的对比分析,如表 2.13 所示。

表 2.13 4 类教材中类推性练习的对比分析

类别	教材名称	总练习数	总类推练习数	所占比例/%
语法类	《汉语教程·第一册·上》《汉语教程·第一册·下》	180	65	36
汉字类	《张老师教汉字·汉字识写课本练习册》	222	71	32
口语类	《汉语会话301句·上册》《汉语会话301句·下册》	240	66	28
阅读类	《初级汉语阅读教程·Ⅱ》	68	36	53
	《中级汉语阅读教程·Ⅰ》	59	37	63

通过对 4 类教材中类推性练习出现比例的对比,可以发现如下一些特点。

①类推性练习是阅读类教程采用的主要练习手段。这可能与汉字及词语的认知在阅读课程中的重要地位相关。

②类推性练习是语法类和汉字类教程采用的基本练习手段。这可能和语法本身具有的规律性及可类推性相关,与汉字丰富的类推性相关。[1]

③类推性练习是口语教程采用的一般练习手段。这可能与口语练习需要较多地依赖交际环境进行,可变因素过多相关。

---

[1] 本知识点将在本书第三章中详尽论述。

第三章 利用类推法进行对外汉语教学的理据研究

世界上的很多语言中,都把汉语一词用作"高深莫测""不可理解""困难"的同义词。美国国防学院把汉语和日语、韩语、阿拉伯语等具有特殊书写符号的语言一起,定位为对以英语为母语的学习者来说最难学的"第四类语言",并认为掌握"第四类语言"听说能力的难度是第一类语言的2.5~3.0倍。美国国会下属的"政府审计总署"2009年向参议院外交委员会提交了《美国国务院外语绩效评估报告》。该报告把国务院将派遣到国外工作的2832名外交官的外语水平进行了归纳,并把他们在所驻国使用的69种外语分为"世界语言""高难度语言""超高难度语言""其他语言"4类。其中,汉语、韩语、日语、阿拉伯语4种语言被列为"超高难度语言";匈牙利语、缅甸语、芬兰语等50多种语言被列为"高难度语言";西班牙语、法语、意大利语等与英语相近的10多种语言被列为"世界语言"。在使用汉语、日语、阿拉伯语的外交人员中,有38%需要说阿拉伯语的和40%需要说汉语或日本语的都没有达到标准。

对于外国学习者来说,有畏难情绪、自信心不足是影响汉语学习效果的主要原因之一。原因的背后是部分学习者认为汉语缺乏规律性和系统性,复杂、难学。要改变这种情况,就要让学生认识到汉语同样具有很强的理据性和规律性。只有在对外汉语教学中运用理据性的研究成果对汉语现象进行具体、清晰、明确的解释,才能激发学习者的汉语学习兴趣,改善学习状态;才能使教学更加简单易懂,提升学习效果。

语言的理据隐藏在语言符号和语言使用之中,既是现实规则的反映,也是语言规则的基础。不同的理据使语言具有了各具特征的音位系统、构词系统、句法系统和语用系统等,研究语言深层的理据性,可以帮助我们认识语言发生、发展的动力和原因,了解语言结构分布的各种规律。在对外汉语教学中,研究并掌握汉语的理据性,可以为对外汉语教学提供有价值的理论支撑,帮助我们从理据性出发,采用更加科学有效的教学方法。

汉语的语音、词汇、语法、汉字具有很强的理据性,这种理据性的体现之一就是汉语的语音系统、词汇系统、语法系统、汉字系统呈现出很强的类推性质。汉语系统内在类推性质的形成原因很复杂,汉语社团的思维方式和思维方法在其形成过程中起到了很重要的作用。

类推是中国传统的思维方式和思维方法。"援类而推的方法,是中国古代社会特有的并广泛使用的一种思维方法,它是按照两种不同事物、现象在'类'属性或'类'事理上具有某种同一性或相似性,以'假物取譬'、引喻察类的过程,通过论说者的由'所然'进到'未然'的认知形式,描述、说明、论证或反驳了一个思想的是非曲直"。[①]

中国对类推方法的研究和使用由来已久,中国古代典型的推理方法叫推类或类推。对类推方法使用最为深入的是论政治、论伦理的百家争鸣时期。中国古代"类"的观念的基本内容包括:"类同观""类别观""类法则观""同理同观""类整体观"等。《周易》的卦爻之象、《诗经》的比兴手法、诸子百家的纵横天下,都是用神话传说等喻事明理,蕴含着类推的逻辑风格。文献

---

① 张晓芒. 中国古代的类推思想与中国古代宗族社会 [J]. 中国哲学史, 2003 (2): 73-78.

立足于对外汉语教学的类推研究

中记载的"据辞而推""据象而推""引而申之,触类而长之,天下之能事毕矣"(《周易》)、"举一隅而不以三隅反,则不复也"(《论语》)、"同类相召"(《吕氏春秋》)、"以类之推也"(《淮南子》)、"同类相从,同声相应,固天之理也"(《庄子》)、"万物之理,各以类相动也"(《礼记·乐记》)、"事以类相从"(《新语》)、"类固相召,气同则和,声比相应"(《吕氏春秋》),也都是这种类推思维方式和逻辑风格的体现。

徐通锵指出,汉语社团的思维方式集中表现为"比类取象"和"援物比类"。① 汉语中所体现出的思维方式既是汉语使用者思维方式的折射,也从一个方面促进了这种思维方式的成熟和运用。这种思维方式在汉语发展演变的进化过程中起到了至关重要的作用,使得汉语从本体内部来讲具有了更多的类推性质,利用这些内在的类推性质进行对外汉语教学,是对汉语系统规律性认识基础上的科学实践。

第一节 汉语普通话语音系统的内在类推性质

语音是语言的物质外壳,在语言教学中至关重要。W.F.麦基在《语言教学分析》中指出:"在学生练习口头表达之前,重要的是使他们形成语言的发音。这点最好在一开始就做到,因为学生每学一个词都会加深他的发音习惯。如果他一旦形成了错误的发音,将极难纠正。即使能纠正,也是很费时间的。如果最初他就能正确发音,那么在整个教学过程中他说的每句话都将有助于形成良好的发音习惯。"② 汉语语音教学是对外汉语教学的基

---

① 徐通锵.语言论——语义型语言的结构原理和研究方法[M].长春:东北师范大学出版社,1997.
② W.F.麦基.语言教学分析[M].北京:北京语言学院出版社,1990.

础，是培养学生听、说、读、写技能和社会交际能力的重要前提。对外汉语语音教学的根本目的是使学习者掌握汉语普通话语音的基础知识和正确发音，为口语交际奠定良好基础。汉语的语音系统具有较为鲜明的系统性特点，熟悉了解了这些特点即汉语语音的内在类推性质可以帮助我们有理据地设计教学内容的安排、教法的采用、练习的形式等。

一、汉语普通话音节的内在类推性质

任何一种语言的语音部分都有一定的规律可循。汉语有400多个基本音节，加上四声的区别后增加为1300个左右，这就是学习者所需要掌握的全部音节。从音节组成形式来看，绝大多数汉语词是单音节或者双音节，而英语的单音形式可能有几万种，德语每个词的音节数都数倍于汉语。

作为语音结构和语义结构的基本单位，音节在汉语中的地位非常突出。汉语是以单音节为基本结构单位的语言。一般情况下，1个汉字就是1个音节。吕必松在《汉字教学与汉语教学》[①] 一文中指出，"汉语的音节能够代表固定的意思"。张普的《现代汉语独字音节说》[②] 一文从汉语音节与汉字整字的对应关系角度分别研究了没有同音字的汉语音节和有同音字的汉语音节，发现汉语有200个左右的音节绝对没有同音字，80个左右的音节近乎没有同音字。也就是说，这280多个音节自身都有固定的意义，听到1个音节就能获取到特定的信息。

现代汉语这些独立的音节（字）不仅有独立的音、调，独立的意义，可以作为单纯词使用，还可以复合成合成词，进而组

[①] 吕必松. 汉字教学与汉语教学 [C] //吕必松. 汉字与汉字教学研究论文选. 北京：北京大学出版社，1999.

[②] 张普. 现代汉语独字音节说 [C] //第四届国际汉语教学讨论会论文选. 北京：北京语言学院出版社，1995.

词成句、组句成段、组段成篇，所有这些都体现了汉语语音系统和谐统一的规律性。

汉语音节简短、整齐、有规律，特点非常鲜明：1 个音节最多有 4 个音素，最少有 1 个音素；元音在音节中占优势，1 个音节不能没有元音，可以没有辅音；汉语音节可以没有声母、韵头和韵尾，一定要有韵腹（主要元音）和声调；作韵头的只有高元音 i、u、ü。

具体到构成音节的声母、韵母、声调系统同样各成体系。在声母系统中，不送气声母 b、d、g、zh、z、j 与送气声母 p、t、k、ch、c、q 整齐配对。在韵母系统中，前鼻韵母、后鼻韵母的对应关系也十分整齐，如 an、en、ian、in 与 ang、eng、iang、ing 等。

二、汉语普通话声母系统的内在类推性质

汉语普通话的声母都是由辅音充当的。这些辅音音位有一个十分重要的特点：发音部位和发音方法有非常整齐的对应，每一个辅音都位于这个系统纵向与横向坐标的交叉点上，同时与纵向和横向上的其他辅音发生联系。对外汉语的声母教学如果能利用这个整齐的对应系统，就能从一定程度上降低学习难度、提升学习效果。汉语辅音的联系主要存在于两大系统中：一是塞音、鼻音系统；二是塞擦音、擦音系统。① 我们可以将汉语的辅音分为如下两个部分。

（一）塞音和鼻音

塞音和鼻音的对应系统如表 3.1 所示。这些辅音多数语言都

---

① 赵金铭. 简化对外汉语语音教学的可能与依据 [J]. 语言教学与研究，1985 (3): 74.

有，容易掌握。学习可依照如下顺序进行。

①学习不送气音 b、d、g，教学中需要防止学生将这组音发成浊音；

②学习送气音 p、t、k；

③学习鼻音 m、n、ng。

表3.1 塞音和鼻音的对应系统

	双唇	舌尖中	舌根	
塞音	b	d	g	不送气
	p	t	k	送气
鼻音	m	n	ng	
	f	l	h	

在这组辅音中，掌握了任何一个辅音，都可以通过横向的发音方法和纵向的发音部位与方阵中的其他辅音联系在一起，通过发音方法或者发音部位的类推，掌握其正确的发音。f、l、h 这一组音发音部位整齐，但发音方法不对应，可以通过发音部位的类推将它们带出来。

(二) 塞擦音和擦音

塞擦音和擦音的对应系统如表3.2所示。这些辅音在对外汉语教学中难度最大。难度主要存在于如下方面。

①多数语言没有 zh、ch、sh、r 的发音部位和发音方法；

②学习者容易将 z、c、s 和 j、q、x 相混淆。

表 3.2 塞擦音和擦音的对应系统

	舌尖前	舌尖后	舌面	
塞擦音	z	zh	j	不送气
	c	ch	q	送气
擦音	s	sh	x	
		r		

三、汉语普通话韵母系统的内在类推性质

汉语普通话有韵母 39 个。其中，单韵母 10 个，复韵母 13 个，鼻韵母 16 个。汉语韵母虽然不多，但对于希望早日使用汉语语言进行交际的学习者来说，仍然有"速战速决"的心理期待。在韵母的学习过程中，教师需要充分利用成年人的理解类推能力，帮助他们寻找、探索、建立韵母的类推学习模式。

（一）单韵母类推学习

汉语普通话系统有 10 个单韵母，这些单韵母是组成复韵母和鼻韵母的基础，因此，准确掌握 10 个单韵母的发音是进一步学习掌握复韵母、鼻韵母发音的前提条件。在大多数语言中，元音的存在有很强的规律性：如果一种语言里只有 5 个单元音的话，一定是 a、o、e、i、u；如果一种语言里只有 3 个单元音的话，一定是 a、i、u。[1] 借助这一广泛性的规律，我们可以建立由 a、i、u 这 3 个元音为出发点的汉语单韵母类推学习模型（表 3.3）。

---

[1] 程美珍，赵金铭. 基础汉语语音教学的若干问题 [A] //语音研究与对外汉语教学 [M]. 北京：北京语言大学出版社，1997.

表3.3 单韵母类推学习模型

类推原型	类推结论		
	一步类推	二步类推	三步类推
a	ê		
i	ü	-i（舌尖前）	-i（舌尖后）
u	o	e	

在这个类推模型中，每个元音都有学习的出发点可以参照，适合学习者做类推尝试。

（二）复韵母和鼻韵母类推学习

汉语韵母系统中的前响复韵母和前响鼻韵母发音稳定、变化小，介音的添加对其元音音色的影响很小，在学习中，我们可以把这些前响复韵母和前响鼻韵母作为类推原型，开展韵母的类推学习。[①]

13个复韵母可以建立两个类推学习模型。

1. 单韵母—复韵母类推学习模型

以3个单韵母为类推原型，类推出其余5个复韵母的发音（表3.4）。

表3.4 单韵母—复韵母类推学习模型

类推原型	类推结论	
	一步类推	二步类推
a	ia	ua
ê	iê	üê
o	uo	

[①] 赵金铭. 简化对外汉语语音教学的可能与依据 [J]. 语言教学与研究，1985（3）：74.

2. 前响复韵母—中响复韵母类推学习模型

以4个核心复韵母为类推原型，类推出其余4个复韵母的发音（表3.5）。

表3.5 前响复韵母—中响复韵母类推学习模型

类推原型	类推结论
ai	uai
ao	iao
êi	uêi
ou	iou

这样，我们就完成了13个复韵母的学习。

16个鼻韵母可以建立以6个前响鼻韵母为类推原型的类推模型（表3.6）。下面的类推模型除了可以从横向的角度帮助学习者进行类推学习外，也可以从纵向的角度开展类推学习。

表3.6 鼻韵母类推学习模型

类推原型	类推结论		
	一步类推	二步类推	三步类推
an	uan	ian	üan
ang	uang	iang	
en	uen		
eng	ueng		
in		ing	
ong		iong	
ün			

四、汉语普通话声调系统的内在类推性质

汉语是有声调的语言，声调是区别意义的高低变化，这些有规律的高低变化对形成汉语语音和谐的音乐美起到了非常重要的作用。作为超音段因素，声调贯穿整个音节。汉语的声调系统虽然复杂，但也不是无章可循。语音学的研究成果为各个声调特征的确立提供了依据。一些教师尝试的汉语声调特征教学，就是有意识强化声调特征训练的声调教学。[①]

对外汉语声调教学的根本任务是帮助学习者建立若干音节的声调模式，通过大量的类推式声调练习帮助学习者巩固这些模式在自我语音系统中的印象，在遇到新词汇的时候，能够利用这些模式，较为准确地类推出其发音。声调模式的建立应该涵盖汉语普通话中常见的音节声调搭配，当然其基础出发点还应该是单音节的声调教学。以下简要描述汉语4个声调教学中教师应该强调的主要特征。

（一）高平——阴平的声调特征

阴平的教学在对外汉语教学中往往被忽略。在教学中，笔者发现教授者和学习者常常将注意力集中在特征较为特殊的上声上，而忽略了对看似容易的阴平的学习和掌握。在汉语的声调系统中，阴平处于"枢纽"的位置（图3.1）。

从图3.1可以看出，在汉语普通话的4个声调：阴平（55）、阳平（35）、上声（214）、去声（51）中，有3个声调调值的起点或落点是"5"，可以说，学习者能不能够发出达到高度的"5"，是决定其汉语普通话发音调域宽窄的重要因素之

---

① 王安红．汉语声调特征教学探讨［J］．语言教学与研究，2006（3）：70–75．

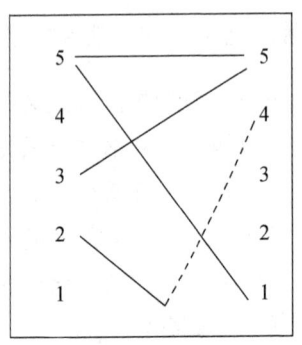

图 3.1　五度声调标记法

一。如果学习者在发阴平、阳平、去声音节的时候,不能从"5"出发或者不能落到"5",其普通话调域就会变窄,声调的起伏度就会降低。因此,教学中强化阴平教学是非常必要的。

尽管处于短语末的阴平音节,音高会有所降低,但和上下文音节的声调相比,阴平又高又平的特征仍然非常突出。在语音教学中,教师应该以"高、平"为阴平的教学特点,借助五度声调标记法,强化阴平"55"这一又高又平的位置和状态在学习者头脑中的印象,发好阴平。在此基础上,可利用阴平"5"的位置类推练习"去声"。下述词语皆为"阴平+去声"组合,可以帮助学习者经由阴平掌握相对正确的去声的起点。

　　庄重　播送　音乐　规范　通信　飞快
　　单位　希望　欢乐　中外　失事　加快
　　牵挂　观众　天籁　先烈　相称　优越
　　帮助　经济　倾注　欢笑　发动　军队
　　尊敬　尖锐

阴平掌握稳定后,还可以帮助学习者进行一些逆向的声调类推练习,如阳阴模式(35-51)练习。

　　国歌　联欢　革新　南方　群居　农村

长江	航空	围巾	营私	原封	图书
年轻	联播	节约	财经	荣膺	平安
难堪	门风	轮班	存根	群居	留心
阳春	圆心	成功			

(二) 上升——阳平的声调特征

传统语音学认为阳平应该是中升,但大规模的语音库研究显示:在自然语流中,阳平的起点往往较低,尤其当其位于短语末位置时,起点调值接近上声的起点调值,属于声调音域的低音点。[①] 阳平最为明显的声调特征应该是"升",在不同的语言环境中,可能体现为"中升"或者"低升"。在进行阳平教授时,教师一定要帮助学习者感觉到平调和升调的语音变化,可以采用如下具体方法。①听力辨析法:帮助学习者辨别平调和升调的不同。②体态带动法:教师可以采用先低头再抬头,用手由下向上扬等方法,利用体态的变化带动发音变化,帮助学习者体会阳平"升"的特点。

(三) 低降——上声的声调特征

传统语音学将上声描写为"214",即"先降后升",曹文将上声描述为"211",认为其声调特征为"降平"。[②] 大量的语音教学实践告诉我们,将上声理解为"低""降"更有利于学习者体会和掌握上声的声调模式。在日常口语交际中,无论是处在句中还是句末,上声的语音特征往往都以"低"结束。传统语音学的描述很容易让人将上声的结束理解为"高"(4度)。在进

[①] 王安红,陈明,吕士楠. 基于言语数据库的汉语音高下倾现象研究 [J]. 声学学报,2004 (4):353-358.

[②] 曹文. 汉语语音教程 [M]. 北京:北京语言大学出版社,2002.

行对外汉语语音教学时，教授者可以通过阴平、阳平、上声三者调值的对比，帮助学习者感知上声"低"的特点。在4个声调中，上声的最低处接近相对音高的最低点，发音时没有别的声调那么轻松，会有一些压抑的感觉，这些都可以向学习者说明，帮助学习者体会上声的特点。需要注意的是上声的"低降"是从2度到1度，过程较短，在这么短的过程中完成"降"，无论示范还是练习，都存在一定的难度，因此，帮助学生把握"降"应该是上声教学的难点和重点。

（四）高降——去声的声调特征

两个去声相连，前一个去声调值变成"53"。而在口语交际中，除了"去去"相连之外，在很多情况下，去声都发不到调值的最低点"1"，完成"51"的完整发音过程。因此，在教学实践中，我们可以仅突出去声的"高、降"，让学生感受去声的发音特点。同时，还要运用听辨、模仿等手段体会上声"低降"和去声"高降"的不同，准确把握上声"降"（2度）和去声"降"（5度）出发点的不同。

单音节声调是学习者感受汉语普通话声调，建立一系列声调模式的基础。在单音节声调的训练中，应该注意建立多种形式的单音节训练模式，即训练时不能总是依照"阴平—阳平—上声—去声"的顺序练习，而应在此基础上，建立更为复杂的单音节声调训练模型。

赵金铭（2009）提出基础声调教学顺序可以按照"阴平—半上—去声—阳平—上声"的顺序进行，"这个顺序可以描写为：一高一低，一抑一扬，最后一个是短抑长扬，以此牢牢掌握四声的调值"。

以阴平为例，声调模型至少包括如下6种形式。

阴平—阳平—上声—去声

阴平—阳平—去声—上声

阴平—去声—阳平—上声

阴平—去声—上声—阳平

阴平—上声—阳平—去声

阴平—上声—去声—阳平

在教学实践中，笔者感觉到，学习者对"阴平—阳平—上声—去声"这一顺序声调模型掌握较好。其实，在学习者头脑中，4种调型的顺序并没有固定的模式，教授者在教学中对于某种顺序的强调和强化必然导致其在学习者头脑中留下先入为主的印象。因此，在对外汉语声调教学的单音节教学阶段，应该在单音节声调训练的基础上，努力引入更多的不同顺序的声调模型，通过大量的、反复的强化性训练帮助学习者尽可能多地掌握声调模型，为双音节、多音节、短句、长句的声调训练奠定基础。

第二节　汉字系统的内在类推性质

文字记录语言。世界上有两种文字，分别通过不同的途径记录语言。一种是拼音文字：直接记录语音，间接记录语义；一种是表义文字：直接记录语义，间接记录语音。汉字是世界上唯一使用至今的表义文字，一字一音，一字一形。汉字系统非常庞大，仅常用汉字就有3500个。外国学习者学习汉字达到高级水平，至少要掌握2900个汉字。这些汉字形体各异、结构、读音、意义复杂，信息丰富，如果从单个汉字出发，孤立地书写和识记，难度极大。张惠芬在《汉字教学及教材编写》中总结说："汉字构造复杂，符号繁多，每个汉字具有多层次的分析性和高度的综合性，信息量很大。一个汉字的信息量包括：①语音信息；②语义信息；③图形整体特征信息；④部件种类信息；⑤部件组合结构信息；⑥笔画种类信息；⑦数量（笔画数量多少）

限制信息;⑧度量(笔画长短)限制信息;⑨笔顺限制信息;⑩部首选择信息;⑪其他相关信息。"①

要突破汉字教学的瓶颈,就要建立科学的汉字观。

汉字本身是一个完整科学的系统,汉字的形体携带着大量可供分析的意义信息,汉字的形、音、义具有内在的类推性质,非常有利于学习和推广。周有光说:"这一个概念的改变影响很大,这是科学的新认识。"②

"追溯汉字造字之源,我们可以透视古人从具体的客观世界到抽象的用以指称客观世界的过程,实际上是从此物到彼物的思维过程。人们在实践中对客观事物有了表象认识,然后把客观事物描绘下来,使其代表一定的含义。先是象形文字,发展到后来占绝大多数的会意字,其深层的思路就是通过类比而得到的。"③我们需要考虑的也正是如何利用汉字的这种内在类推性质开展有理据的汉字教学。

一、汉字内在类推性质表现之一:汉字字形的系统性

为了了解外国留学生对汉语字词加工主要依赖的是形态信息还是语音信息这一问题,高立群对外国留学生汉字校对作业进行了研究。研究显示:在汉语校对阅读过程中,无论是初级、中级还是高级汉语水平的外国留学生,同形错别字的检出率要明显低于同音错别字,这表明形态信息在外国留学生的汉字识别过程中始终起着主导作用。④

---

① 张惠芬. 汉字教学及教材的编写 [C] //语言文化教学研究集刊(二). 北京:华语教学出版社,1997.

② 百岁老人周有光答客问 [N]. 中华读书报,2005-01-22.

③ 刘元根. 汉字对先秦类推方法的影响 [J]. 云南社会科学,2003(5):113-116.

④ 邓卫新,安志烁. 汉字形、音、义的认知过程与识字教学 [J]. 现代语文:语言研究,2006(11):109.

汉字的形体是由有限的基础元素带着某种功能，按照一定的结构模式有层次、有布局地组合起来的有序网络。[①] 李大遂认为："汉字是理性的文字，学习掌握汉字，也应该是一种理性的活动。汉字的理性，突出地表现在汉字的系统性及其所由形成的造字法方面。汉字的学习者要做到理性地认知汉字，就要对汉字的系统性及其所由形成的造字法有所了解。"[②] 王宁在全面考察《说文解字》中小篆和各个历史阶段汉字形体的基础上，提出了汉字的构形单位是形素和构件。构件在组构汉字时共有5种功能，即表形功能、表义功能、示音功能、标示功能和代换功能，由这5种功能出发，不同的构件在组构汉字时是由以下10种模式组合而成的，即全功能零合成、标形合成、标义合成、会形合成、形义合成、会义合成、标音合成、形音合成、义音合成、综合合成。这10种构字模式从结构和功能两个方面穷尽了汉字发展过程中的构形情况。[③]

汉字的结构可以分为独体和合体两大类。独体字约占汉字总数的5%，合体字约占95%。独体字由笔画直接构成，只有笔画和整字两级结构单位。合体字则有笔画、偏旁、整字三级结构单位。汉字研究主要有两个方面的工作：研究笔画及笔画之间的结构关系；研究偏旁及偏旁之间的结构关系。对笔画及笔画之间的结构关系的认知，是汉字认知的起点和基础，相对容易；偏旁和偏旁之间的结构关系则是拓展学习者汉字识字量的重要环节。

汉字的偏旁不仅有构形的外部功能，还有表音和表义的内部功能。分析偏旁和偏旁之间的关系应该从两个方面入手：一是偏旁和

[①] 邓卫新，安志烁. 汉字形、音、义的认知过程与识字教学 [J]. 现代语文：语言研究，2006（11）：109.

[②] 李大遂. 汉字的系统性与汉字认知 [J]. 华文教学与研究，2006（1）：13-21.

[③] 王宁. 汉字构形学讲座 [M]. 上海：上海教育出版社，2002.

偏旁之间的外部结构关系;二是外部结构关系背后的内部结构关系。

(一) 汉字偏旁之间的外部结构关系

汉字偏旁之间的外部结构关系主要强调显性的形体组合。

汉字的形、音、义是以偏旁为中心建立的。"偏旁是汉字形音义系统形成的主要因素,偏旁是汉字体系最重要的结构单位,偏旁之间的结构关系是汉字体系最重要的结构关系。"[①]

汉字字形的系统性,主要体现在偏旁与其形系字族字形体的联系上。具有构形组字能力的通用汉字偏旁(包括变体)有1600多个,从这些偏旁出发,系联现代汉语合体通用字,可以系联出1600多个形系字族。施正宇的研究表明,"3500个常用汉字中共有形声字2522个""2522个形声字中,共有形符167个"。形声字形符的有效表义率为83%(其中,直接表义率为79%,间接表义率为4%),形符不表义的仅占17%[②]。另据李燕等[③]的研究表明,现代汉字中使用频率最高,即构字能力极强的形符有20个,其中,前10个形符按表义度的高低排列如表3.7所示。

表3.7 构字能力极强的前10个形符(按表义度由高至低)

顺序	形符	表义度
1	钅	48.61%
2	扌	48.28%
3	虫	47.54%

---

① 李大遂. 汉字的系统性与汉字认知 [J]. 暨南大学华文学院学报, 2006 (1): 18.

② 施正宇. 现代形声字形符表义功能分析 [J]. 语言文字应用, 1992 (4): 76 - 83.

③ 李燕, 康加深, 魏励, 等. 现代汉语形声字研究 [J]. 语言文字应用, 1992 (1): 74 - 83.

续表

顺序	形符	表义度
4	口	47.09%
5	土	46.72%
6	木	45.70%
7	氵	44.84%
8	讠	44.57%
9	艹	43.42%
10	亻	41.41%

由于形符特别是使用频率较高的形符数量不多且有着较高的表义度,这就为利用形旁进行汉字的类推教学提供了可能。

汉字偏旁之间的外部结构关系大体分为如下4种类型。

①左右结构:汉、蜡、明、期、村、把、说;
②上下结构:宇、忘、花、草、哭、音、雷;
③内外结构:这、闪、凤、医、匋、疾、国;
④嵌插结构:襄、器、幽、辨、坐、爽、褂。

在汉字教学中,我们除了可以利用形系字族进行类推教学外,还可以利用上述4种形体结构关系,进行二级类推教学。

(二) 汉字偏旁之间的内部结构关系

汉字偏旁之间的内部结构关系是隐性的,指偏旁之间在表义、表音方面的配合。汉字偏旁之间的内部关系,有如下3种类型[①]。

①表义偏旁+表义偏旁+……→会意字(明、休、从、众、

---

① 李大遂. 简明实用汉字学 [M]. 北京:北京大学出版社, 2013.

立足于对外汉语教学的类推研究

尖、林）；

②表义偏旁＋表义兼表音偏旁→转注字（娶、婚、授、洲、蛇、燃）；

③表义偏旁＋表音偏旁→形声字（江、河、湖、海、铜、远）。

李大遂认为，因为转注字在形式上和形声字近似，"在汉字教学的基础阶段着力分辨的必要性不大"，可以将上述表示汉字偏旁之间内部结构关系的公式简化为如下两类。

①表义偏旁＋表义偏旁＋……→会意字；

②表义偏旁＋表音偏旁（含表义兼表音偏旁）→形声字（含转注字）。①

将这两个公式运用于汉字教学，可以帮助学习者较快、较好地理解汉字的构成规律和意义，逐步了解汉字偏旁表音、表义的特点，有助于实现提高汉字学习效率、增加学习乐趣的教学目的。

二、汉字内在类推性质表现之二：汉字字音的系统性

有关汉字规则性效应的发现有力地支持了汉字加工过程中语音具有重要作用的观点。大量的以汉语母语者为被试对象的实验研究表明，规则字[2]在命名作业中的加工速度要快于不规则字，这就是规则性效应。也有研究发现，在形声字的语义范畴作业

---

① 由于汉字的形体变化，个别合体汉字的偏旁，既不表义也不表音，成为纯构形符号，数量很少。有的合体汉字的偏旁都是纯构形符号，这样的汉字偏旁之间没有内部结构关系，叫作符号字。如：童、它、音、庆、朋等；有的合体汉字的偏旁一个有表义或者表音的功能，另一个成为纯粹的构形符号，叫作半符号字。这样的合体字有部分内部结构关系：表义偏旁＋纯构形符号→义系半符号字（鸡、汉、叹、对、权、劝）；表音偏旁＋纯构形符号→音系半符号字（毕、华、虚、巩、风、凤）。

② 形声字是由形符和声符构成的，声符和整字读音相同的字我们通常称之为规则字，声符和整字读音不同的字则是不规则字。

中，低频规则字的判断时间短于低频不规则字的判断时间。这些研究成果告诉我们，加强对汉字字音系统性的研究和利用对于学习者的汉字学习是有积极意义的。

汉字字音的系统性主要表现在形声字声旁读音与该字读音的联系上。一般情况下，根据形声字的声旁，我们就可以知道该字的大致读音。形声字的声旁相对稳定，不会随着形旁的不同而有大的改变。如以"交"字作为声旁的形声字：郊、娇、胶、佼、皎、效、校，字音都与声旁"交"的读音相同或相近。

在现代汉语中，具有表音功能的汉字偏旁大约有1400个，以这些表音偏旁作为声旁组合而成的形声字族可达到1400多组，每一个表音偏旁都与其字族字有读音上的联系，同一音系字族字之间也有读音上的联系。所有这些，充分体现了汉字字音的系统性。

据统计，7000个通用汉字中有5636个字为形声结构。其中，2285个字的读音与声符的声韵调相同，占40.54%；有882个字的读音与声符的声韵相同，仅声调不同，占15.65%。[①] 根据上述统计，声符与字音相同或相近的汉字占形声结构汉字的56.19%，占全部通用字的45.24%。汉字字音类推学习就是利用汉字字音的系统性把分属不同部首中的同声符字联系起来，帮助学生运用类推的方法，理解性地认识、学习、利用汉字。

三、汉字内在类推性质表现之三：汉字字义的系统性

汉字虽然很多，但常用字只有3000多个，大多数汉字都可以按照集中有限的造字方法去分析，具有很强的规律性。汉字字义的系统性主要表现在表义偏旁与其合体字意义的联系上。

[①] 李燕，康加深，魏励，等. 现代汉语形声字研究 [J]. 语言文字应用，1992（1）：74−83.

形声字是汉字中数量最多的字。形声字，是由形旁加上声旁组成的字。形旁，又叫义符，表示这个字的意义，如"氵"表示和"水"有关，"心"表示和心理活动有关。声旁，又叫声符，表示这个字的读音，如"阁""格""搁""胳"这几个汉字中的"各"就是声旁。形旁位置以在左、在上、在外居多，声旁位置以在右、在内居多，但并不绝对。具有相同表义偏旁的合体字在意义上与表义偏旁有着不可分割的联系。每个表义偏旁都与其字族字具有意义上的联系，同一字族的字之间也有意义上的联系。

形声字是汉字发展的主流。甲骨文中的形声字比例约占28%，金文占80%，而在现代常用汉字中，形声字的比例已经达到了90%。虽然经过几千年的发展，汉字的表音性、表义性并不具有绝对性，但掌握汉字的形旁和声旁，依然是汉字学习的好方法。以下表义形旁可以作为类推原型提供给学习者（表3.8）[1]。

表3.8 表义形旁及其类推字

序号	偏旁	表义	例字
1	亻	和人的活动有关系	伴、保、倍、伙、偷
2	彳	和道路、行走有关系	行、街、往、循、径
3	冫	和冰、水有关系	冰、冲、冻、净、凉
4	氵	和水有关系	江、河、海、溪、汗
5	讠	和语言有关系	说、话、语、谈、论
6	厂	和悬崖、房屋有关系	厨、厕、厦、厅、厓
7	广	和房屋有关系，本义为没有墙壁、只有顶盖的大屋	床、底、店、庙、庭

---

[1] 王秀荣. 国际汉语汉字与汉字教学［M］. 北京：高等教育出版社，2013：171 – 175.

续表

序号	偏旁	表义	例字
8	力	和力、力量、力气有关系	功、劲、劳、勉、男
9	冖	和覆盖、蒙受有关系	冠、写、军、冥、幂
10	宀	和房屋等有关系	安、家、庭、富、客
11	穴	和洞穴、空间有关系	窗、空、窝、窃、穿
12	户	和门、房子有关系	房、扇、启、扁、雇
13	夂	和脚有关系	复、各、麦、备、条
14	攵	和使、迫使有关系	败、放、改、敢、教
15	木	和树木有关系	森、林、树、松、柏
16	饣	和饮食有关系	饭、饿、饱、饥、饼
17	贝	和金钱有关系	贵、贫、贬、费、赐
18	扌	和手有关系	提、拉、推、扔、挤
19	又	和手有关系	爱、度、叉、取、受
20	忄	和心理活动有关系	恨、恼、愤、忙、悯
21	心	和心理活动有关系	悲、愁、恩、思、想
22	灬	和火有关系	热、煎、煮、蒸、点
23	火	和火有关系	灿、爆、炒、灯、烦
24	刂	和刀有关系	利、割、刮、剐、划
25	刀	和刀、切割有关系	初、剪、劈、切、分
26	疒	和疾病伤痛有关系	疾、病、痛、疗、癌
27	艹	和草等植物有关系	花、草、菜、茶、葬
28	口	和嘴有关系	吃、喝、吐、吞、咽
29	囗	和国、疆界有关	国、困、圈、围、园
30	巾	和纺织品有关系	帕、帽、帜、帅、吊

立足于对外汉语教学的类推研究

续表

序号	偏旁	表义	例字
31	山	和山有关系	岗、峰、岭、屿、峪
32	犭	和动物有关系	狗、狼、猫、狐、猎
33	牛	和牛有关系	物、牺、牲、牢、件
34	马	和马有关系	驰、骑、驾、骄、闯
35	礻	和祭祀、神有关系	社、祈、祷、神、礼
36	衤	和衣物、纺织品有关系	衬、衫、裤、袖、补
37	月	和肉、肌肉、身体器官有关系	背、肚、肥、胖、脸
38	目	和眼睛有关系	眼、睛、盯、瞪、瞅
39	耳	和耳朵有关系	聪、耻、闻、取、联
40	页	和头有关系，本义是头部	顶、额、颈、项、颜
41	身	和身体有关系	躺、躲、躬、射、躯
42	钅	和金属有关系	银、铜、铁、锡、钢
43	金	和金属有关系	金、鉴、鎏
44	斤	和斧子、兵器有关系	兵、断、斧、匠、新
45	弓	和弓箭有关系	弹、弯、引、张、弱
46	匚	和盛东西的器物有关系	匪、医、汇、匠、区
47	酉	和酒、器皿、酿制等有关系	酱、酒、醋、酿、醉
48	方	和旗子有关系	旋、旅、旗、施、族
49	鸟	和鸟类动物有关系	鸡、鸭、鹅、鹰、鹭
50	舟	和船有关系	舰、艇、船、舢、舱

续表

序号	偏旁	表义	例字
51	车	和车、交通工具有关系	辆、转、轿、军、连
52	日	和太阳、时间有关系	阳、春、时、晚、昨
53	雨	和天气现象有关系	雷、雾、雪、霏、霜
54	夕	和夜晚有关系	梦、名、外、夜、夕
55	竹	和竹子有关系	筷、篮、筐、笼、簸
56	虫	和虫类动物有关系	蛇、蜥、蝎、蚊、蝇
57	足	和脚有关系	踢、跑、跳、蹦、跨
58	土	和土壤、土地有关系	地、尘、基、场、圾
59	纟	和丝绸、纺织品有关系	丝、绸、缎、纱、缕
60	气	和气体有关系	氢、氧、氮、氨、氦
61	皿	和盛东西的器皿有关系	盆、盘、盒、盖、盅
62	罒	和网有关系	罢、罚、罩、罗、置
63	禾	和农作物有关系	稻、秧、穗、秆、秋
64	米	和米有关系	粉、粗、粮、糖、粥
65	走	和行走有关系	赶、超、越、赴、起
66	立	和站立有关系	站、端、位、音、竞
67	欠	和张嘴出气的行为有关系	吹、歌、歉、欲、饮
68	子	和子女有关系	孩、孤、好、学、字
69	女	和妇女有关系	好、妈、妻、娃、姓
70	辶	和行进、移动有关系	远、近、逃、过、逛
71	廴	和进行有关系	建、健、廷、庭、诞
72	石	和石头及类似物有关系	砂、磨、碑、砍、泵
73	田	和田地有关系	亩、甸、畎、男、町

续表

序号	偏旁	表义	例字
74	门	和门有关系	闭、闯、闲、阅、间
75	阝	在字左侧，和山等有关系	陈、队、防、陆、阴
		在字右侧，和城邑、国家有关系	都、郊、邻、那、部
76	革	和皮革、皮制品有关系	鞠、鞭、鞋、勒、靶
77	王	和玉、玉制品有关系	珍、珠、球、玩、班

第三节　汉语词汇系统的内在类推性质

一、汉语词汇系统存在网络性和词义系统性

周健、廖暑业在《汉语词义系统性与对外汉语词汇教学》[①]一文中认为，汉语中大量同素词的存在"体现了汉民族善于归类的思维方式和理据归类的认知特点"，并列举了如下例子。

车站　车票　车库　车道　车费　车速
　　→表达概念类别，起限定作用
　　→两语素为偏正关系
车门　车窗　车灯　车胎　车轴　车轮
　　→表达概念类别，起限定作用
　　→前后语素分别表示整体和部分之间的关系
　　→两语素为偏正关系
汽车　火车　货车　马车　轿车　跑车

---

① 周健，廖暑业．汉语词义系统性与对外汉语词汇教学［J］．语言文字应用，2006（3）：110-117.

→表达事物的实质,即词的核心语义(有轮的交通工具)

→两语素为偏正关系

开车　试车　驾车　撞车　修车　坐车

→两语素构成动宾关系

周健、廖暑业说:"汉语词汇的词义系统性和网络性是客观存在的,并且在形式上有所表现,这就给对外汉语教学带来很大的便利,我们可以利用词义系统性高效扩大学生的词汇量。"[①]

通过下面4个例子(表3.9至表3.12),我们可以对汉语词汇的系统性有较为直观的认识。

表3.9　英汉对比示例1

汉语表达	英语表达
星期一	Monday
星期二	Tuesday
星期三	Wednesday
星期四	Thursday
星期五	Friday
星期六	Saturday
星期日	Sunday

---

① 周健,廖暑业. 汉语词义系统性与对外汉语词汇教学 [J]. 语言文字应用,2006 (3): 110 – 117.

立足于对外汉语教学的类推研究

表 3.10　英汉对比示例 2

汉语表达	英语表达	汉语表达	英语表达
一月	January	七月	July
二月	February	八月	August
三月	March	九月	September
四月	April	十月	October
五月	May	十一月	November
六月	June	十二月	December

表 3.11　英汉对比示例 3

	公 Male	母 Female	小 Young	肉 Meat
牛 Ox, Cattle	公牛 Bull	母牛 Cow	小牛 Calf	牛肉 Beef
猪 Pig, Swine	公猪 Boar	母猪 Sow	小猪 Piglet	猪肉 Pork
羊 Sheep	公羊 Ram	母羊 Ewe	小羊 Lamb	羊肉 Lamb
鸡 Chicken	公鸡 Rooster	母鸡 Hen	小鸡 Chick	鸡肉 Chicken

在表 3.11 中，牛、猪、羊、鸡、公、母、小、肉 8 个汉字的组合就表达了 24 个常用概念。[①] 英语则用了 24 个不同的单词。

汉语中，运用网络式语素衍生法，每一个构词能力强的语素都能在它的周围集合起一个与原来意义相关的词语部落。如

---

① 周健，廖暑业. 汉语词义系统性与对外汉语词汇教学 [J]. 语言文字应用，2006（3）：110-117.

表 3.12 就是一个由同素词"花"组成的词汇网络。第 1 行是修饰语和中心语关系；第 2 行是整体和部分关系；第 3 行是类别特征与中心语关系；第 4 行是形容词和中心语关系；第 5 行是动宾短语。

表 3.12　由同素词"花"组成的词汇网络①

1	花~	花园	花圃	花店	花盆	花架	花苗	花瓶
2	花~	花茎	花叶	花枝	花根	花朵	花粉	花瓣
3	~花	布花	鲜花	干花	纸花	雪花	水花	塑料花
4	~花	红花	黄花	大红花	白花	蓝花	香花	紫色花
5	~(V)花	种花	献花	买花	赏花	送花	摘花	养花

鲁川认为，不同民族有不尽相同的"知识聚合网"。在汉族人的"知识聚合网"中，每个节点贮存一个字，节点之间的有向弧连接相关的字组。英语的知识聚合网络的节点贮存一个词。增加一个表示新知识的新词时，英语的知识聚合网络就得增加一个新词的节点，但是汉语基本上不需要增加新的节点，只在原有节点之间增加新的有向弧就行了。②

作为理据性高的语言，汉语复合词的意义往往可以通过其构成语素获得。运用语素进行类推教学是由汉语自身的特点决定的：语素自由、灵活；许多语素可以单独成词，表义丰富，使用频率高；语素能以多种结构形式构造复合词、附加词，构词能力强。汉语口语中单音节词的使用频率为 61%，双音节词的使用

---

① 常金锁. 对外汉语教学中词汇问题初探 [J]. 长安学刊：哲学社会科学版, 2012（4）：29 - 30.
② 鲁川. 汉语的根字和字族——面向知识处理的汉语基因工程 [J]. 汉语学习, 2003（3）：1 - 10.

频率只有 37%。① 研究表明：现代汉语 3500 个常用字可以组成现代汉语所使用的 7 万个词，平均每个汉字能够合成 20 个词。②

李如龙、吴茗将《汉语水平词汇与汉字等级大纲》（以下简称《大纲》）中甲乙两级共 1859 个双音词、2494 个义项分为"直义""转义""偏义""无关"4 类，研究语素义和词义的相关度，结果如表 3.13 所示。

表 3.13 《大纲》语素义与词义相关度分析③

语素义与词义情况	语素义与词义有关			语素义与词义无关
	直义	转义	偏义	
义项数（2494）	1182	1039	153	120
占比	47.39%	41.66%	6.13%	4.81%

如表 3.13 所示，在《大纲》中，语素义与词义有关的义项所占的百分比约为 95.18%④。这个研究结果表明：在《大纲》甲乙两级双音节词汇中，只有 120 个义项是需要学习者整体记忆的，其余 2374 个义项都可以利用语素进行类推理解。

强化语素教学，是发挥汉语词汇系统内在类推性质的关键所在。以语素为"类"，进行词汇类推学习，学生可以通过类推理解更多复合词的意义，是迅速拓展词汇量的优质途径。

联结主义系统理论是当前认知心理学的主流，该理论的认知

---

① 陆俭明，沈阳. 汉语和汉语研究十五讲 [M]. 北京：北京大学出版社，2003.

② 陈俊羽. 关于建立语素教学的几点意见 [J]. 云南师范大学学报：对外汉语教学与研究版，2006，4（6）：28-31.

③ 李如龙，吴茗. 略论对外汉语词汇教学的两个原则 [J]. 语言教学与研究，2005（2）：41-47.

④ 直义、转义、偏义双音节词的词义都和语素义有关联，虽然关联指数不同，但都可以通过"语素"这个桥梁进行分析。

模型假定：在一个大的网络中，每一个单元都和其他单元有联系；每一个单元都有相应的激活水平，类似于神经元的激活速度；单元通过单元间的联结强度对临近单元的活动发生影响。在此理论的支持下，认知语言学认为，人的大脑对词汇的记忆是以网状实现的，网络上的结节代表着已经学习到的词语及其所表示的概念或事件，网络的线表示这些词语及其表示的概念或事件之间的联系。以语素为类的词汇类推式学习法符合成年人的思维习惯，是对词义的深层次加工，更易于记忆。

二、汉语词汇具有范畴化和类属化的特点

汉语词汇还具有范畴化、类属化的特点。考察现代汉语词汇构造（表3.14），大致分为两大类：单纯词和合成词。

表 3.14 现代汉语词汇构造分类

现代汉语词汇构造	定义	分类	说明	例词
单纯词	一个语素构成的词	单音节词		人、山、手
		外语译音词		咖啡、麦克风、沙发
		联绵词		蝴蝶、枇杷、垃圾
		象声词		哗啦、轰隆、叮当
合成词	两个或两个以上语素构成的词	联合式合成词	前后语素地位平等，意思相同或者相近，或互相解释说明	道路、盗窃、美丽、生产、打击、智慧、斗争、逃避、思想、光明、伟大
			两个语素义只取一个，另一个语素义消失、淡化，或只有附加、衬托之义	妻子：取"妻"义 国家：取"国"义 其他：干净、窗户、质量

续表

现代汉语词汇构造	定义	分类	说明	例词
合成词	两个或两个以上语素构成的词	联合式合成词	前后两个语素的意义可能相反也可能相对，词汇意义比较抽象概括	开关、山河、手足天地、口舌、骨肉
		偏正式合成词	前一个语素修饰限制后一个。主要意思在后一个语素，前一个语素用来说明后一个语素是怎么样的	书架、红旗、热爱火车、铁路
		述宾式合成词	前一个语素表示动作行为，后一个语素表示行为支配对象	招生、满意、关心动人、带头、伤心
		补充式合成词	前一个语素表示动作行为，后一个语素说明做了以后怎么样	改正、说明、打倒看透、降低、提高
		主谓式合成词	前一个语素表示动作行为的主体，后一个语素表示行为变化，后一个语素说明前一个语素怎么样了	头疼、地震、眼花口吃、心细

基于汉语这种范畴化、类属化的特点,学习者可以在对构词形式分析的基础上,结合字形、字义、字音、语素等多方面要素,对词汇进行理解。

再以反义属性词为例。反义属性词是指语义对立的一对或一组属性词。成对反义属性词如"父系:母系"比较常见;成组反义属性词是反义的一方包含同/近义词,如"正面:反面/负面"。孟凯(2009)等穷尽性地检索了《现代汉语词典》(第5版)标注的属性词,共得到550个属性词,615个属性词义项。整理分组后,得到反义属性词80组,其中,组内的属性词全部是复合词的有68组。在这68组反义复合属性词中,以"单音节反义词+同一语言成分"方式构词的有55组,如"编内:编外""单向:双向"等,占80.88%。孟凯认为,反义属性词具有语义与构词的显著对应性,"这在很大程度上为留学生生成正确的反义类推词提供了有利条件。"[1]

Murphy(1993)指出:"如果有一个更好的词充当反义词(或近义词、下位词),那么这个词就会阻止其他词成为最佳反义词(近义词、下位词)。"在汉语中,单音节最佳反义词是"最常见、共现频率最高、最容易被优先激活的反义词,也应该是留学生在进行反义类推时最先联想到的。所以,最佳单音反义词成为留学生构造复合属性词时最重要的语义基础和形式依据。而反义属性词之间的显著对应性也因此对留学生的合理反义类推产生了积极影响。"[1]孟凯(2009)的实验发现,留学生由单音节反义词类推出的复合反义属性词都属于合理类推,即类推词与测试词既在形式上对应,又保持了语义对立。以下各例中的反义词都来自被调查留学生的合理类推[1]:

---

[1] 孟凯.留学生反义属性词的类推及其成因[J].汉语学习,2009(1):89-96.

题目：请在（　）中写出句中画线词的反义词（如果你认为有两个或者多个，请都写出）

1. 这座桥<u>重型</u>汽车不能通过，（轻型）的还可以。
2. （上列）各项工作都要抓紧抓好，<u>下列</u>内容也不能放松。
3. 我们饭店不提供<u>有偿</u>服务，我们愿意（无偿）地为您做这些事。
4. <u>单向</u>教育已经不再适应现在的社会了，师生之间的（双向）交流更重要。

此外，反义属性词义项间的高度对应关系也有利于帮助学习者生成正确的反义类推词。在孟凯（2009）等整理出的80组反义属性词中，义项整齐对应的有74组，占92.5%，例如：

【父系】［形］属性词。①在血统上属于父亲方面的：~亲属；②父子相承的：~家庭制度。

【母系】［形］属性词。①在血统上属于母亲方面的：~亲属；②母女相承的：~家庭制度。

"可以说，反义属性词（尤其是反义复合属性词）义项的高度对应有利于类推机制的应用，也有利于学生生成正确的反义类推词。"①

三、汉语词缀的类推构词能力

汉语词缀特别是类词缀有很强的类推性。在派生词的教学中，教师可以利用这一点帮助学习者掌握构词规则，内化知识，并自主生成合理正确的新词。

很多构词模式具有生成和理解周遍性的特点。生成周遍性是指"只要根据构词规则构造出来的新词就一定是正确的、可以

---

① 孟凯. 留学生反义属性词的类推及其成因［J］. 汉语学习，2009（1）：89-96.

接受的"①。比如"老/小+单音节姓氏"这一构词模式就具有生成和理解周遍性的双重特点,学习者掌握了这一公式,就能正确生成"老刘""老李""小王""小张"等。构词生成周遍性由于没有例外,所以此类规则最易被学习者掌握和准确使用。

汉语中派生词的构词规则大多是理解周遍性的,理解周遍性指的是"只要词缀在语流或书面材料中与其他实词素正确地组合的,听读者就能理解这个以前从未曾见过的新词的语义"。①在《对外汉语教学中的词缀问题》一文中,尹海良、桑哲(2009)列举了汉语构词中以下几条理解周遍性语义规则:

词根+学→某一具体学科

词例:物理学、社会学、生理学、历史学、经济学、人口学、力学、数学

词根+界→一些社会成员的总体、领域

词例:新闻界、外语界、汉语界、娱乐界、计算机界、军界、政界、商界

词根+化→转变成某种性质或者状态

词例:电脑化、东方化、普遍化、年轻化、正规化、军事化、轿车化

词根+型→某种类型

词例:研究型、应用型、智能型、鸭蛋型、忧郁型、混日子型、有病不看型

但是,需要注意的是,汉语中的派生词大多是生成非周遍性的,也就是说,即便学习者掌握了某一构词规则并能理解此构词

---

① 尹海良,桑哲. 对外汉语教学中的词缀问题[J]. 西华师范大学学报:哲学社会科学版,2009(1):69-73.

规则基础上生成的其他未见过的新词,也不一定就能正确地生成自我表达所需要的新词语。比如说,学习者根据"服务员""乘务员""售票员"总结出了"职业+员"这一包含词缀"员"的构词规则,也能理解从未见过的"话务员""机要员""理发员"等,但却可能造出"卖饭员""烧水员"等不符合汉语表达习惯的词语。因此,"要解决第二语言学习者运用词缀正确生成派生词的问题必须把汉语派生词的规则加以细化处理,同时列举大量的使用度高、定型性强的派生词以便让学习者在理解的基础上来记忆、类推并最终掌握。"①

四、汉语词组与汉语语法结构关系

汉语词组,是词与句子之间的桥梁,词组的构造与句子的构造原则基本一致,词组加上语调就是句子,句子就是独立后的词组,汉语的词组中蕴含着几乎全部的汉语语法关系。因此,我们就有可能遵循"双音节词组—三字词组—四字词组—句子"的类推扩展路径进行教学。

朱德熙(1985)说:"我们就有可能在词组的基础上来描写句法,建立一种以词组为基点的语法体系。"赵金铭认为,词组"加上语气,并将其置于特定的语境之中,就是完整的句子,就可以表达思想。在这个基础上,再组成句群和篇章。遵循先易后难,由浅入深,循序渐进,不断滚雪球,螺旋式上升的练习法"。② 在《附丽于特定语言的语言教学法》一文中,赵金铭进一步指出:"目前在对外汉语教材中,注重词组教学,在教材中编进大量词组,已所在多有。显示了从词组出发进行汉语教学,

---

① 尹海良,桑哲.对外汉语教学中的词缀问题[J].西华师范大学学报:哲学社会科学版,2009(1):69-73.

② 赵金铭.附丽于特定语言的语言教学法[J].世界汉语教学,2014(4):554-565.

是一条有待开发的新途径。我们应该研究在初级汉语教学阶段，出现哪些最急需的词组，先出哪些，后出哪些，应该依据建立在大规模语料库基础上的数据统计而出，不应带有随意性。"

第四节　汉语语法系统的内在类推性质[①]

语言是无限集合。一个集合通常有两种表达方式：一种是列举法，把该集合中的一切元素都列举出来；另一种是描写法，或者称描述法，把元素的公共属性写出来。[②] 对于元素公共属性的描写，就是语法规则。语法是语言中的组合规则和聚合规则的总和。语法的特性主要有两个方面：一是抽象性和概括性。语法规则不表示具体事物，没有具体意义，是一种抽象的规则。正因为语法具有抽象性和概括性，语法才可以扩展、可以类推，人们才有可能依照为数有限的语法规则来组词造句和相互交际；二是稳固性。语法是语言中最稳定的部分，语言的稳固性主要来自语法的稳固性。语法发展主要依靠类推、淘汰、创新、借用4种方式实现。类推起着调整、整顿语法的作用，使语言更加条理化、规则化，并向着更加简洁的方向发展。

乔姆斯基提出转换生成语法后，在第二语言习得领域，句型教学法一直是语法教学的主要手段。应该说，在帮助学生迅速利用已知句型表达思想的过程中，句型教学法发挥了不可忽视的积极作用。对外汉语教学也大量采用了句型教学法的模式。但这种基于英语为研究对象的教学方法在与汉语相"匹配"的过程中也出现了不少问题。对外汉语的语法教学还是应该借助汉语语法

[①] 李宝贵. 汉语语法的理据性与对外汉语教学 [J]. 汉语学习，2004（5）：64－71.

[②] 徐烈炯，程雨民，许国璋，等. 生成语法理论 [M]. 上海：上海外语教育出版社，1988：29.

立足于对外汉语教学的类推研究

系统研究的成果,来改进自己的具体教学思路和手段,并在这个过程中,为汉语语法系统认识的完善贡献力量。

汉语语法系统的内在类推性质,即汉语语法的理据,是指汉语各级各类语法实体的构成规则和组合规则的理由和根据。现代汉语语法方面的特点主要包括3个方面:缺乏严格意义的形态变化;语序和虚词是表达语法意义的主要手段;词、短语、句子的结构规则基本一致。以下借助前人研究成果,说明汉语语序理据性的体现,为开展对外汉语语法的类推教学提供依据。

石毓智认为,语序是汉语最重要的语法表达手段,不同的语序一定具有不同的表达功能。汉语语序的重要性包含3层相互关联的意思①:第一,其他语言用形态或者语法标记表示的语法意义,汉语往往用语序来表示;第二,对于同一组词语,汉语往往采用各种语序变化表示各种各样细致而丰富的语法意义;第三,人类语言中句子最主要的语法关系,汉语是通过语序来表示的,如主语在动词之前,宾语在动词之后,修饰语总是在谓语中心语之前等。

李宇明也指出,语序作为一种语法形式,在不同的语言中其重要性有所不同。在汉语、英语、法语、德语、日语、藏语、彝语等语言中,语序的作用都非常重要。这些语言的语序都比较固定,一般不能随便改动,否则便不成话,或改变了语法结构或语法意义。②

汉语语序的基本规律是对客观有序世界的临摹(Iconicity),汉语自然语序形成的主要理据是临摹性。

---

① 石毓智. 语法的形式和理据[M]. 江西:江西教育出版社,2001:97.
② 李宇明. 理论语言学教程[M]. 武汉:华中师范大学出版社,2000:132.

第三章 利用类推法进行对外汉语教学的理据研究

一、时间顺序原则

戴浩一将汉语语序和英语进行了比较,结论是汉语比其他许多语言更直接、更普遍、更一贯地使用时间顺序的临摹性原则:"两个句法单位的相对语序决定于它们所表示的概念领域里的状态或事件的时间顺序。"① 戴浩一认为,汉语中有一大批句法现象一贯地支持时间顺序原则。

(一)先出现(或发展)的事物在前,后出现(或发展)的事物在后

例如:
昨天、今天、明天
初中级、中高级
发展壮大、继承发展

(二)先发生的动作在前,后发生的动作在后

先看单句情况,例如:
出题考学生。　　　　(先出题,后考学生)
坐飞机去北京。　　　(先坐飞机,后到北京)
她看了信高兴极了。　(高兴的状态后于"看")
手上的灰洗掉了。　　("洗"先于"掉")
再看复句的情况,例如:
明天一起床我们就去爬山。
你先去食堂吃饭,然后去图书馆看书。
你给他钱,他才给你书。
他病了,今天没来上课。

---

① 戴浩一.时间顺序和汉语的语序[J].国外语言学,1988(1):10-20.

孩子们虽然失去了父母,但仍有很多人帮助他们。

汉语句子谓语之间、连谓结构前后两项之间、句子与句子之间的顺序证明时间顺序原则有独立的依据,这些句法单位都是概念领域中的事件或行为动作,它们的次序是由时间顺序原则表示的事件或行为动作的时间顺序来安排的。"它的语序跟思维之流完全自然地合拍"。[①] 戴浩一认为,掌握了时间顺序原则,也就抓住了汉语语序的最一般的趋势。

二、时间范围原则

时间范围原则可以表述为:如果句法单位 X 表示的概念状态在句法单位 Y 表示的概念状态的时间范围之中,那么语序是 YX。时间范围原则要求时距小的成分排在时距大的成分之后。戴浩一认为,范围原则是汉语中一条普遍的原则,不论在时间范围上还是空间范围上,大范围成分总是先于小范围成分。[①] 具体表现为如下方面。

(一) 时空大的先说,时空小的后说

例如:
2016 年 12 月 14 日
一个冬日的午后
星期二上午九点半
北京市朝阳区中国传媒大学文法学部汉语国际教育中心
湖北省十堰市茅箭区北京路

---

① 戴浩一. 时间顺序和汉语的语序 [J]. 国外语言学, 1988 (1): 10-20.

（二）地位高的先说，地位低的后说

例如：

主席和总理出席了开幕式。

院领导和全体老师出席了留学生结业式。

（三）辈分高的先说，辈分低的后说

例如：

父母（以父为尊的观念）/兄弟/姐妹/师生/父子/母女

（四）级别高的先说，级别低的后说

例如：

国家、省、市、县

教授、副教授、讲师、助教

博导、硕导

三、整体先于部分原则

先看这样一组例子，如表 3.15 所示。

表 3.15 整体先于部分原则示例

例子	整体	部分
广场中央	广场	中央
高速路旁	高速路	旁边
房间里	房间	里面
他眼睛大鼻子小	他	眼睛、鼻子
他能力强	他	能力
教室里灯开了	教室	灯

从上面的例子可以看出，对于整体和部分的关系，汉语恪守"整体先于部分"的原则。在汉语中，只有如下固定语序。

例如： Y1（整体）的 Y2（部分）
　　　　桌子　　　　的　　上面
　　　　教室　　　　的　　黑板

英语则允许两种语序的存在，既允许"整体先于部分"，也允许"部分先于整体"。

例如： Y1's Y2　　　　Y2 of Y1
　　　table's top　　top of the table
　　　（桌子的上面）
　　　the blackboard which in classroom
　　　（教室里的黑板）

黎天睦也曾指出，汉语有一个十分强烈的趋向——在名词组里甚至在小句里，当整体和部分共现的时候，整体总是放在部分的前面。在叙述地点、日期、称号、分数、细目、姓名及在类别成分的表述中需要强调类别总体的时候，这种趋向同样都是不变的。[1]

四、修饰限制成分先于中心语（或语素）原则

（一）修饰语（或语素）先于名词性中心语（或语素）

例如：
幸福的孩子/绿树叶/发展的经济/已经找到工作的毕业生
一双充满了期盼的眼睛
祖父/故乡/花茶/外国人/绿色产品/垃圾食品

（二）修饰成分先于动词性中心语

例如：
慢走/不想念/马上就去/从美国来/跟他一起去

---

[1] 黎天睦. 汉语词序和词序变化 [J]. 外国语言学，1981（4）：3-9.

幸福地微笑着/为大家一一作了讲解
认认真真地记了下来/一句一句地说
尝试/蜂拥/群起/早出晚归/说干就干/左说右说

这种语序规律不仅具有普遍性，而且具有一贯性，从构词到词组、从词法到句法都是这样。

五、偏句先于正句原则

在汉语自然语序中，偏句一般总是位于正句之前。在偏正复句中，偏句总是为正句说明某种原因或条件等，正句则表示在这种原因或条件下出现或可能出现的结果。

例如：

他天一亮就出去锻炼。

我想了半天才想起他的名字。

如果你能认真学习，成绩一定会提高。

因为知识的海洋是无边无际的，所以学习是无止境的。

只有掌握了汉语，才能研究中国文学。

金立鑫（1999）在《对一些普遍语序现象的功能解释》一文中分析语言普遍的语序功能时指出，语言的偏正结构可以分为两种：顺行结构和逆行结构。顺行结构先出现结构核心，然后出现扩展性的结构；逆行结构则先出现扩展成分，然后出现结构核心的结构。汉语主要是逆行扩展，即向左扩展。在该文统计的VO式语言关系从句的位置中，"有60种语言的关系从句在名词的后面，只有1种语言（汉语）的关系是从句在名词的前面"。[①]可见，汉语的语序有其独特性。

---

① 金立鑫. 对一些普遍语序现象的功能解释[J]. 当代语言学, 1999（4）: 38-43.

六、相对先于绝对原则

(一) 相对时间词先于绝对时间词

例如:

今天星期天。

＊星期天今天。

含有相对意义的时间词是相对时间词,含有绝对意义的时间词是绝对时间词,相对时间词和绝对时间词放在一起,语法规则是相对时间词放在绝对时间词的前面。①"今天"处于"大前天、前天、昨天、今天、明天、后天、大后天"这个时间词序列中,它所表示的时间点随着时间的推移而改变,因此,"今天"是相对时间词。

(二) 相对处所词先于绝对处所词

含有相对意义的处所词是相对处所词,含有绝对意义的处所词是绝对处所词。

例如:

中国首都北京。

＊北京中国首都。

黑龙江省省会哈尔滨。

＊哈尔滨黑龙江省省会。

"首都"具有相对义,可以用来指不同国家不同历史时期的不同城市,北京是绝对处所词。①在"省会哈尔滨"中,省会是相对的,哈尔滨是绝对的。

---

① 马庆株. 结构、语义、表达研究琐议——从相对义、绝对义谈起 [J]. 中国语文, 1988 (3): 173-180.

(三) 表示相对义的指人名词先于表示绝对义的指人名词

例如：

　　经理先生

　＊先生经理

　　书记同志

　＊同志书记

"书记/经理"是衔位名词，有相对性。"先生/同志"可以认为是绝对的。这种规律也有例外。汉语有"董事长孙成林"这种"相对义在前，绝对义在后"的表达法，也有"孙成林董事长"这种"绝对义在前，相对义在后"的结构。前者符合一般规律，用于多数场合；后者打破规律的主要原因是表达尊敬的需要。

马庆株认为，语义对语法具有决定作用。在语法组合中，有相对义的词先于有绝对义的词，这条规则抽象程度很高，所管的范围也很大，从中可以看出汉语语法高度的系统性。这条规则的价值在于它的普遍适应性，因为它不仅可以解释时间词的排列顺序，也能说明处所词的组合顺序。这一序列被认为是反映和遵照了人类认知的一般趋势——从不确定到确定、从一般到具体的认知规律。[①]

七、已知先于新知原则

(一) 已知信息先说，新传信息后说

例如：

新年晚会的时间改在25号了。

---

① 马庆株.结构、语义、表达研究琐议——从相对义、绝对义谈起[J].中国语文，1988 (3)：173 – 180.

立足于对外汉语教学的类推研究

我的论文写完了。
四班学生的汉语水平提高了。
前面那座楼有多高？

（二）次要信息先说，重要信息后说

例如：
这件衣服好是好，就是有些贵。
他虽然身体不好，但一直坚持学习。
老师病了，今天的课不上了。

不同种类的信息在语句中的分布有着一定的规律：通常是主语、主题体现已知信息，谓语、述题体现新知或者未知信息，语义重心或信息中心往往在句子的后半部。在汉语中，这些都是通过相对固定的语序来实现的。这种与一定位次相对应的信息分布，可以看作常规分布。一旦背离了常规，如主语体现了新知信息，通常会伴随有语序变更或其他条件。

从上述汉语语序的7条临摹性原则我们可以看出，汉语的语序具有鲜明的特点，充分显示了汉语语法简易的长处。对外汉语教学应该充分利用汉语语法的这种长处，强化语序教学，提高教学效率。

第四章 利用类推法进行对外汉语教学的理论研究

建构主义理论认为，人的意识是一个建构客观世界的概念体系，人们以自己的经验为基础来建构或认识客观世界。在此基础上，形成了建构主义教学观的主要思想：学习不是由教师向学生进行简单的知识传递，而是学习者个体进行自我知识建构的过程；学生在课堂上不是信息的被动接受者，而是在改造和重组原有经验的基础上主动建构新信息的意义、并对外部信息进行主动地选择和加工；学习过程不是简单的信息输入、存储和提取，而是新旧经验之间双向的相互作用过程；教学过程不是单纯的知识传递，而是知识的处理和转换。建构主义突出了意义建构中学习者的主体性和自主性，使学习者由外部刺激的被动接受者和知识的灌输对象转变为发现信息、主动参与信息加工的主体和知识意义的主动建构者，而教师也从知识的传授者、灌输者转变为学习的组织者、指导者和帮助者（Kafai 和 Resnik，1996）。建构主义教学观主张学习者在新知识的学习过程中结合个人先前的经历和已有的知识来加深对事物的理解。教师的重要任务是帮助学习者在"学"的过程中进行新旧知识的有机结合，重视培养学习者分析问题、解决问题和创造性思维的能力，发挥其自主性、能动性和创造性。

运用类推法进行对外汉语教学渊源已久，受到结构主义教学法的影响，围绕类推法展开的教法和学法大都呈现出机械性、控制性的特点，即语言知识点的讲授及练习都以一些机械替换的方

立足于对外汉语教学的类推研究

式进行，将掌握人为控制在限定的练习中，容易形成对该语言项目完全掌握的假象。如果我们从建构主义教学理论出发，调整教学思想，类推作为积极有效的学习方法就能克服弊病，发挥出更大的作用。

对外汉语教学是一门实践性很强的学科，讲解和传授都是为学习者形成语言实践能力服务的。对于学习者来说，语言学习不仅要获得语言知识，更应创造性地掌握、运用语言结构。现在的教学过程往往过于重视"教"和"讲"的作用、过于重视语法知识的传授，从而忽视了语言知识在实践中的具体作用和运用。如果能把那些具有汉语特点的典型句式、常用句式介绍给学生，少用或者不用语法术语，通过以类推为教学原则的句型展示、比较归纳、替换演绎等方式，让学生理解、掌握，并举一反三，教学过程就变成了一个发现和创造的过程。

将类推法应用到对外汉语教学的分课教学中，需要以3个基础为出发点：一是应该符合第二语言习得对类推法的要求；二是符合汉语系统本身特点对类推法的要求；三是符合汉语系统各子系统（语音、词汇、语法、语用等）对类推法的要求。本书将在第六章中结合类推法的具体实践就后两个基础进行阐述。本章主要阐述类推法应用于第二语言习得的普遍原则，从教法原则、学法原则、教材原则3个方面展开，用到了部分汉语教学的例证。

第一节　教法原则

认知心理学认为，人从外部世界获取信息时，海量的信息不可能同时被接受。在信息输入神经系统之前，大脑一定会过滤或衰减掉一部分信息，只选择其中一部分进行更进一步的加工。神经容量超载会产生两种结果：拒载和泛化。[①] 拒载是由于神经系统因过量活动而处于封闭状态，学习者往往表现出昏昏欲睡、无精打采的精神状态；泛化是神经系统因为混淆了不同的知识而处于混乱状态，学习者表现出来的常常是无法辨别、无法掌握。要保证教学的"质"，首先要注重教学的"量"。

一、重视基本项目教学

（一）注重基本概念、基本项目的教学

布鲁纳认为，所掌握的内容越基本、越概括，则对新情况、新问题的适应性就越广，也就越能产生广泛的迁移。在教学中，他强调要掌握每门学科的基本结构（即基本原理、基本概念等），因为领会基本的原理和概念是通向适当的训练迁移的大道。正因为基本知识（如基本概念、基本原理）、技能和行为规范具有广泛的适应性，其迁移价值较大，让学生掌握每门学科的基本知识和基本原理，就可以使得学科更容易理解，也就可以得到广泛的迁移。同理，在进行汉语教学时，应该鼓励学生对核心的、基本的概念进行抽象或概括，在反复的类推使用中使其成为稳定的、能发挥交际作用的类推原型。

卢福波在《语法教学的基本原则与操作方法》[②] 一文中提出了汉语语法教学的八项基本原则，其中之一就是实用原则。卢福波认为，语法教学应该教授最具教学价值的语法，这些语法包括：①最基本、最常用的——规范的、典型的、普遍的；②最容易发生偏误的；③语法项用法上具体的适用条件和限制条件。

[①] 刘慧. 从学生认知的特点看对外汉语教学 [J]. 辽宁教育行政学院学报, 2006, 23 (9): 73-74.

[②] 卢福波. 语法教学的基本原则与操作方法 [J]. 语言教学与研究, 2008, (2): 24-31.

立足于对外汉语教学的类推研究

赵金铭认为教学时要从整词入手，再从词中选取出现频率最高、构词能力最强的字，分析其义项、构词及用法，引导学生进行系联构词，形成"整词——析字——析连扩展"教法。"这是一个有实验依据、有理论支撑的可行的做法"。①

需要注意的是，学生获得了基本概念和原理，并不能保证这些概念和原理在可能运用的时候都能应用。原因主要包括如下方面。

1. 教学大多是有限的、有控制的类推设计

学习者在课堂练习和作业中，通过教师和教材设计的有限定和控制的练习内容，往往容易形成"掌握假象"。一旦接触到设计以外的语言材料或者出现了真实的交际需要，则容易出现过度类推或者类推不当。

2. 练习的设计脱离语言生活，实用性不高，实践中运用机会少

围绕基本概念和原理，教授者语言材料的选择非常重要。语言项目应该尽量出现在实用性强、实践性强的语言环境中，帮助学习者在模拟真实的语言环境中掌握这些语言项目。教师还要依据学习者思维发展的水平，提供较多的演示或典型例证去丰富他们的具体经验，不断提高学习者对词汇、语法等的理解水平，避免脱离语言实际、事实材料空谈词汇、语法。空洞的、无生命力的概念或原理，不容易引起学习者的共鸣和学习愿望，不仅难以理解，而且也会影响到类推的广度与效果。学习者只有牢固地掌握基本知识、基本原理，才能形成基本技能，获得解决问题的能力，触类旁通，达到良好的类推效果。

---

① 赵金铭. 附丽于特定语言的语言教学法［J］. 世界汉语教学，2014（4）：554-565.

3. 教师对语言项目没有限定解释或者解释不足

（1）没有限定解释

以动词"结婚""吃醋"等词为例，如果教师仅向学习者说明词义而不说明此类离合动词的特点和用法，学生就会根据母语用法或者所理解的一般汉语动词的用法造出如下句子。例如：

＊迈克结婚玛丽。

＊他吃醋小王。

教师可先阐述离合动词的总体特点，再对这两个词的具体用法加以说明。适于给出公式的最好给出公式。例如：

A 和 B 结婚

A 吃 B 的醋

还要对第 2 个公式进行进一步的解释说明。

<u>A</u> 吃 B 的醋

（A 是因为嫉妒而生气的人）

（2）解释不足

在进行中级班口语教学时，笔者曾经有过这样的教学经历。例如：

主要动词：传

主要句型：把＋<u>东西</u>＋传给＋<u>人</u>

笔者给出了一些语言材料，例如：

球	教练
作业	坐在最后的人
接力棒	下一位运动员
水	我

学生根据句型和语言材料进行练习，非常顺利地说出了如下句子。

把球传给教练。

立足于对外汉语教学的类推研究

把作业传给坐在最后的人。

把接力棒传给下一个运动员。

把水传给我。

接下来，笔者向学生解释，"东西"也可以是抽象的内容，学生很快理解了"把爱传给每一个人""把信心传给大家"这样的句子。

在作业环节，这个用法却出现了问题，有学生造出了这样的句子。

＊请你把消息传给他。

＊请你把比赛结果传给他。

在特殊的交际环境中，上述句子可能是正确的。但通过和学生沟通，笔者了解到，学生希望表达的意思是"请转告他这个消息""请转告他比赛的结果"。这种偏误的出现是学习者对该语言项目的使用条件过度类推造成的，进一步深究，是笔者对该用法的限定解释不足造成的。

（二）重视学习项目的类推空间

重视学习项目的类推空间有两层含义。

1. 学习项目应该根植汉语语言使用实践，其呈现也应依托语言实际

建构主义迁移观认为，所谓学习迁移实际上就是认知结构在新条件下的重新建构。这种建构性的学习旨在使学习者形成对知识的深刻理解。由于对知识意义的理解主要反映在对知识的应用上，因此，知识的"意义情境"主要指知识的"使用情境"。在日常语言交际中，人们对于语言的理解常常要依靠语言的使用情境，即语境来完成，要使学习者对所学语言知识理解深刻，呈现这些语言知识的时候就要努力把其置于真实的、复杂的语境中，通过应用来达到深层理解，进而使学习适应不同的语言情境，在

语言实践中能进行更加广泛的类推。

以下案例为笔者进行的中级班口语教学的内容。

教学内容:学习打电话,做到问候、约定、告别得当合体。

教学形式:2次课后作业

   作业1:纸上练兵

   作业2:实际操练

具体流程:

(1) 完成第1次口语作业。作业内容如下。

中国传媒大学的留学生李小龙,现在要在学校附近租一套公寓。请根据下面的出租广告(图4.1),设计一段电话对话。

①向"孙小姐"咨询一下公寓的详细情况。包括:具体位置,楼层,面积,设施(家具、家电等),交通情况,周边情况(有无超市、市场、学校、幼儿园等),租金(多少钱,月付还是年付),物业费和暖气费由谁支付等。

②约定看房的时间。

```
        出　租
中国传媒大学附近一套公寓出租,有
意者请和孙小姐联系。
电话:136××××××××
```

图4.1 出租广告

大部分学生顺利地完成了这一情景口语的设计,作业的问题较多地集中在问候、约定、告别等寒暄交际中。

(2) 根据学生问题,集中讲解作业。将判断继续放入情境中。

表示问候:李小龙应该怎么问呢?

A:请问,是孙小姐吗?

B:你好!我是留学生李小龙。

立足于对外汉语教学的类推研究

C：你好！我看了你的租房广告。

商量价格：李小龙可以怎样问呢？

A：太贵了！可以打折吗？

B：还可以商量吗？

C：太贵了！便宜点儿怎么样？

约定时间：李小龙怎样问礼貌呢？

A：我明天有时间。

B：您什么时间方便呢？

C：太好了，我们约定时间吧！

电话告别：怎样说合适呢？

A：明天见！

B：今天的交谈很愉快，明天见！

C：那就这样吧。明天见！

这一部分，除了鼓励学生自主选择出正确的答案外，也请学生一起分析为什么别的答案不合适，这些答案适于在什么情境中使用，拓展教学内容。这种由语言表达逆向类推语言交际环境的练习方法事实上是一次深加工过程，在这个过程中，学生依靠自己的努力将一组近似的表达放入了不同的有意义的语境中，通过比较，体会感受它们之间的不同，完成了一次深刻的学习。

(3) 完成第2次作业，鼓励学生将"纸上练兵"掌握的打电话的基本技巧运用于实践。第2次作业内容如下。

这周的作业是一份调查报告。

第1步：打电话给中国大学生；

　　　　自我介绍；

　　　　说明目的；

　　　　约定采访的时间和地点。

> 你的联系人是：_____
> （传媒大学文学院2007级对外汉语教学专业学生）
> 他（她）的电话：_____

第2步：采访并且记录（略）。

第3步：完成采访报告（略）。

第4步：上交采访报告（略）。

第5步：课堂报告采访所得（略）。

联系人和电话都是笔者提供的真实信息。将课堂上学习到的语言交际知识和技巧应用于具体实践，也是一个语言交际知识的类推使用过程。

2. 学习项目应该在汉语实践中有反复类推使用、不断强化类推原型稳定性的机会

教材呈现的语言项目应该以实用性为第一原则，在这样的教学指导方针下，教师应该根据具体的教学对象、教学对象的学习目的和需求等，对教材呈现的语言项目进行有目的和有针对性的取舍及调整。这些语言项目应该在学习者的语言实践中有反复类推使用的机会。只有这样，这些项目的学习才有意义；才能在语言实践中通过不断地反复类推使用增加其可利用性；才能树立学习者的学习信心并增加其学习兴趣。

传统的汉语教学将基础语音教学集中在初级阶段的半年时间内完成。语音教学程序按照由易到难的教学顺序编排，最难的语音项目安排在最后阶段。在教学中，这些"难音"的训练往往最为薄弱，主要因为：语音训练缺乏趣味性，学习者难以保持对语音学习自始至终的热情；教学时间不充足，教师往往减缩这一部分的练习。这些没有经过大量模仿、练习的"难音"，连同学习者语音学习中其余的发音问题、发音缺陷，一并构成了学习者汉语发音中难以攻克的"中介音"和"化石音"。到了中高级阶

段，阅读、文化、写作等学习任务日渐繁重，学习者对正音既无暇顾及，也因为没有正确的指导而不知如何"顾及"，这些"中介音"和"化石音"渐渐稳定下来，在日常交际中一次次地得到错误"强化"，有的甚至伴随学习者学习、使用汉语的始终。

解决这一问题，笔者有两点建议。

①语音讲授不必面面俱到，学习者学习无障碍的内容可以少讲甚至忽略，尽量让难点音的教学提前进行。难点音出现的频率高，得到纠正的机会就多，就更容易成为准确、稳定的语音类推原型。

②正音课教学贯穿汉语学习始终。在教学中笔者发现，无论是初级、中级还是高级阶段的汉语学习者，对自己汉语普通话的语音面貌都有很高的心理期待，在教学中也有很强的需求。正音课教学可以根据不同阶段学习者的语音特点和需求，制定初、中、高阶段不同的正音教学计划和安排。这种做法的最大意义是将学习者的语音发展始终置于教师的掌握和控制之中，遇到问题能及时解决和纠正，避免了错误语音在日常交际中的不断"复制"。学习者的汉语学习过程，应该是一个完备的，包含语音、语法、词汇、语用等多个方面的学习过程，这个学习过程不仅应该给学习者提供大量可供类推的语法、词汇类推模型，也应该使学习者掌握尽可能多的、各种搭配的汉语音节的发音类推模型。

（三）重视新旧知识的内在联系

教学中教师要有意识地引导学生利用已经掌握的基础知识和原理，尽可能地强调新旧知识之间的共同点，凸显其内在联系。

徐子亮认为："大脑对语言的记忆，像一张网络。网络上的一个一个结节代表概念或事件，网络上的一条一条线则表示有意义的联系。我们教学就像往学生的头脑中编织这张巨大而复杂的网络，每一堂课都要往学生记忆网络上增添几个结节。好的设计是紧紧抓住由结节延伸出来的各条线，让结节处在各条线（即有意义的联系）的中心，而不是孤零零的一个结，这就容易编码了……也就是在这些结节之间建立意义上的联系，通过提问、练习、举例等教学手段揭示和强化这些意义和联系，让新知和旧知、已知和未知关联起来，学生凭着教师所提供的种种线索进行编码，就能有效地把它们储存进记忆库。"①

这一点在对外汉语的各个教学阶段中都有体现。在初级阶段的语音学习中，学习者如果能够意识到汉语某个发音只是和母语相似相近而非雷同时，就会有意识地注意该音的发音，进而趋向于准确。如果学习者直接套用母语或者之前学习的某种语言中相近的发音，就可能带来混淆。在中、高级阶段的近义词辨析中，如果学习者能够从词性、用法、出现语境、语气等多个方面，利用多种线索对一组近义词进行辨析，就能够较为准确地掌握此组词语的用法。

二、重视教学过程的细化处理

（一）教学尽量细化到小类的选择和讲解

陆俭明（2005）指出：对外汉语教学的实际需要和学习者提出的或出现的种种问题迫使汉语本体研究要进一步深化。语法教学时如果类属、规则、意义等关系太抽象概括，学习者的类比和推衍就容易出现问题。例如：汉语动词可接处所宾语的问题。汉语可以说"吃食堂"，但学习者类推成"吃面馆/坐食堂/学教室"就都错了。卢福波对上述非常规"动+处所宾语"也做过尝试性认知解释，进而提出：语法教学应尽量细化到小类的选择

---

① 徐子亮. 对外汉语教学理论研究的新思路——对外汉语教学认知规律的探索[J]. 世界汉语教学，1998（2）：50-55.

限制及意合关系,从而有效地杜绝学习者的类推、类比偏误。①

在进行《魔力汉语——中级汉语口语(下)》第3课《恭喜恭喜》一课的教学时,笔者计划在"结婚"一词的基础上,引入"娶""嫁""过门儿"3个动词并进行讲解。为了使学生理解并掌握这4个动词的用法,采用了以下教学程序(表4.1)。

表4.1 《恭喜恭喜》一课的教学程序

课程安排	主要词汇	主要方法	教学目的
第1次课	结婚	错句辨析:他结婚她	帮助学生澄清、掌握这一离合词的用法
	娶	利用PPT图片展示"娶""嫁"使用时不同的人物关系	建立对这两个新动词的初步印象。能够模仿、复述例句即可
	嫁		
第2次课	结婚	用两个虚拟人物,请学生用3个动词介绍他们结婚的事实。例如: 1. 玛丽和迈克结婚了 2. 迈克娶了玛丽 3. 玛丽嫁给了迈克	加深学生对这3个动词的印象,为进一步细化讲解做准备
	娶		
	嫁		
	过门儿	第1次引入。 在上述练习的基础上,直接告诉学生们该词的用法:玛丽前天过门儿了。 说明该动词的使用条件:表示女性嫁到男方家;女性结婚	帮助学生掌握这一口语惯用语。只有一个新词引入,并且有相关词汇作为铺垫,学生掌握会更容易

---

① 卢福波. 语法教学的基本原则与操作方法[J]. 语言教学与研究, 2008(2): 24-31.

续表

课程安排	主要词汇	主要方法	教学目的
第3次课	结婚 娶 嫁 过门儿	对4个动词的用法进行比较、辨析、讲解。 结婚：一般用词，说明结婚事实，结婚双方； 娶/嫁：突出宾语，宾语常具备不同于一般结婚对象的特点。常用"把"字句； 过门儿：专指女性结婚。口语、方言、老年人中常用	将4个动词的讲解尽可能细化，可以避免如下一些问题。 1. 错用； 2. 避免部分学生为故意使用新词汇而忽视语用环境的要求

（二）摈弃无用的限制条件

语言习得研究者发现，无论是第一语言还是第二语言的时（Tense）、体（Aspect）习得都呈现出一种普遍倾向，即无论孩子还是成人都能本能地区别状态和过程及瞬时和持续的语义，这种区别似乎是人脑的先天能力，这种能力具体表现为时体习得有顺序性。杨素英等（1999）的研究也发现，汉语作为第二语言体标记的习得也在某种程度上反映出这种普遍倾向：第一，数据显示出汉语作为第二语言习得者对情状类型有本能的区别能力；第二，学生对不同类型情状的完成体的习得顺序也是"终结"和"强调结果"先于"活动"和"状态情状"。这类研究至少表明，在诸如静态与动态、状态与活动、瞬时与持续等语义方面，不同民族、不同国家的人有着共同的认知基础，因此，才会在时体标记上表现出基本一致的顺序。

孙德金列举了两个例子说明了这些看法。

立足于对外汉语教学的类推研究

一例是关于"VV"式动词重叠的。"对外汉语教材和语法书中有时会见到这样的描述:一般是动作行为动词可以重叠,非动作行为动词不能重叠,如不能说'是是''有有'。根据笔者的经验,从未发现学生出现这样的错误。既然如此,我们就应该考虑这样的语法描述到底有什么意义。事实上,只要通过恰当的教学方法让学生体会到'VV'重叠式所表达的语法意义,哪怕是比较模糊的,一般不会出现'是是''有有'一类的问题,而只会出现下面例子反映的问题。

例如:

＊我送送你一下儿。

＊他知道那件事,可以给我们讲了讲。"①

一例是关于动结式的可能形式的。"语法理论研究中为了阐释或论证某些规则,可以展示一些实际语言中不存在的实例。如要说明动结式的可能形式(如:说得清楚/说不清楚)的认知基础是说话人主观上要达到某一目标,因此结果补语只能是正向意义的,不能说'说得糊涂/说不糊涂'。但在对外汉语语法教学中,当教师指出动结式的可能式所表达的语法意义时,如果学生理解了'是否具有出现某种情况的可能性',并通过一些实例帮助学生理解,其认知能力应该能够使他得出补语成分一般是正向意义的这样一个认识,不需要教师特别指出这个条件。"①

陆俭明提出,在对美汉语教学中,对于中英文里共有的语法现象,如典型的"主—动—宾"句式(即施—动—受)句式,只需略为点一点就行了,不必多讲。有些语法现象,汉语和英语不完全一样,但学生并不难掌握,如定语的位置,在汉语里定语都放在中心语前面,在英语里定语则有前有后,这种差异教师只

---

① 孙德金. 语法不教什么——对外汉语语法教学的两个原则问题 [J]. 语言教学与研究, 2006 (1): 7-14.

需强调一下"汉语里的定语一律放在中心语之前"就行了,也不必花很多时间去讲解。再如,数的表达法、日期和地址的表达法等,中英文并不相同,但只要老师稍加指点,学生不难掌握,不怎么会出错。①

(三) 清晰讲解"例外"

对于某一项目的普遍性应用,教授者应该充分发挥类推的正面作用,帮助学生通过大量反复的练习进行巩固。对于该项目的"例外",应该讲解清晰,运用对比等手段,给学习者留下深刻的印象。

以下例子来自笔者的教学实践。

教学目的:表达自己的看法

教学内容:在+人+看来(学生已知)

依+人+看(新内容,新知)

教学环节:

第1步:引导学生造句——用已知句型表达看法

在我看来,这件事是你的错。

在你看来,这件事是他的错。

在他看来,这件事是我的错。

第2步:引导学生发现规律

在"在+人+看来"句型中,第一、第二、第三人称都可以出现。

第3步:给出大量例句,引导学生发现新句型"依+人+看"的特点。

依我看,这件事是你的错。

---

① 陆俭明. "对外汉语教学"中的语法教学 [J]. 语言教学与研究,2000,(3):1-8.

依我看，运动是最重要的。

依我看，这件事可能要吹。

依我们看，这是个两全其美的办法。

依你看，这件事怎么办好呢？

依你看，这是谁的问题？

依你们看，什么时候出发好呢？

依你们看，什么是两全其美的办法？

大部分学生能够从例句中发现"依+人+看"使用的限定条件。即：一般不用于第三人称；用于第二人称的时候，多为询问别人的意见、看法等。

第4步：进一步对比"在+人+看来"和"依+人+看"两个句型的同异点，突出对"依+人+看"限定条件的讲解、辨析。

在具体语言环境中，"在+人+看来"和"依+人+看"这两个句型用法的使用情况和条件要复杂得多，教师还需要在之后的进阶学习中，根据学习者的程度和需要，不断地发现并清晰讲解其他"例外"。

三、重视教学程序的编排

（一）注重宏观教学和微观教学的双重阶段性

教学程序主要包括两个方面：一是宏观方面，即整体安排，教学中应将基本的知识、技能和态度作为教学的主干结构，并依此进行教学；二是微观方面，即每个单元、每一节课教学程序的安排。在具体的教学过程中，教师要根据教材的难点、重点，以及本班学生的智力特点、知识程序，考虑3个方面的问题：①把具有最大类推价值的基本知识、基本技能的学习放在首位；②尽量突出概括性高、派生性强的主干内容；③教学程序循序渐进的原则。

(二) 注重教学过程的重复递升

短期记忆的容量非常有限，长期记忆的容量却几乎是无限的。长期记忆存有学习者记住的以往的全部经历。这些语言信息和非语言信息既包括学习者母语文化中的社会行为规范，也包括其他第二语言的行为规则。学习者所懂语言的语法结构、发音规则等也都储存在长期记忆中。此外，还有学习者所熟悉的主题、经常打交道的各类讲话人，以及经常遇到的交际场合。所有这些，学习者在识别话语的字面意义时都可以利用，理解第二层次上的间接意义时也能利用。正是长期记忆中储存的信息使听话人不仅能够正确理解讲话人的意图，而且能够做出切题的、得体的回答。[①] 在语言学习中，短时记忆的信息如果不能及时传送到长时记忆，就可能出现遗忘。对于学习者而言，必须寻找和创造一切机会对短时记忆中的语言信息进行加工。对于类推原型及其限定条件，应进行反复的强化与巩固。经过应用过程中的多次刺激，原型才能被有效地记忆。大脑中的信息网络是由多种线索构成的，语言学习中的线索既有目的语线索也有母语线索。从提取的角度来看，这样的良性刺激可以使提取速度大大加快，提取线索的准确度大为提高，而线索越多提取就越方便。

因此，在教学过程中注重"重复递升"，把短期记忆中的语言项目不断地"输送"到长期记忆当中，是一项非常重要的工作。"重复"是指一个语法项目应该在不同的教学阶段进行重复。"递升"是指教师在进行该语法项目的重复教学时，不应一成不变，而应采用多种形式，在复杂度、难度上不断递增。

---

① 马丁·韦德尔. 外语教学与学习——理论与实践 [M]. 刘润清，译. 北京：高等教育出版社，2001.

四、重视学习者汉语类推学习体系的建立和类推能力的培养

(一) 体系的建立

类推就是根据两个(两类)对象之间某些方面的相同或相似推出它们在其他方面也可能相同或相似的一种思维方法。类推是一种简单而又具有极大灵活性和创造性的思维方式。汉语教学中的类推可以从各个方面、各个角度展开。

(1) 从语言结构角度:教师可以帮助学习者从语音、语义、格式等角度展开类推。

(2) 从多种途径角度:可以是直接类推,也可以是间接类推。

(3) 从语言单位角度:可以从词、短语、句子、篇章、语体、语调等多个方面展开类推。

(4) 从形式范围角度:可以是一对一、一定范围内的封闭式类推;也可以是 A 到 B、B 到 C、C 到 D 的延伸式类推;还可以是由本体向多个方向的辐射式类推。

本书将在第六章中用实例对这些不同角度的类推加以说明。

(二) 类推能力的培养

越来越多的研究者对学习者的主观能动性,尤其是主动迁移的意识予以关注。主动迁移意识实际上是学习者认知的自我调节的一种表现。有效的学习者能够通过强烈的内部动机来调节自己的语言学习活动,具体表现在:主动识别先前的语言学习与目前任务的相关性;识别恰当的语言使用性和语言类推性;主动提取可利用的资源等。这些都是语言类推得以产生的必要条件。实际上,语言类推之所以难以产生,一方面与学习者本人的自我调节能力水平较低有着一定关系,另一方面可能与教学中忽视培养学

生的自我调节能力有关。

五、尽量避免因为教法、讲解不当造成的学生类推过度、类推不当

分科教学中需要注意的突出问题包括如下方面。

（一）语音教学：注意教法的阶段性

以下举例说明。

1. 单元音韵母教学中容易出现的讲解不当

汉语有10个单元音韵母，其中 a、o、e、i、u、ü、ê 7个是舌面元音韵母，另外3个是舌尖元音韵母 -i（前）、-i（后）、er，也称特殊元音韵母。7个舌面元音韵母可用舌位图表示，如图4.2所示。

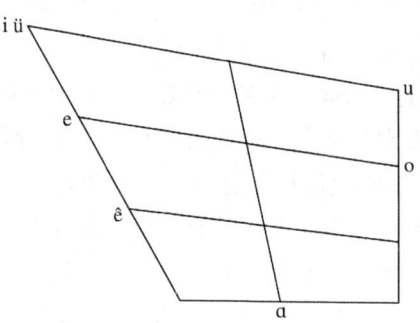

图 4.2　7 个舌面元音韵母的舌位分布

在汉语单韵母中，圆唇和不圆唇是构成音位对立的条件。如图4.2所示，同是舌面前高元音，圆唇为 ü，不圆唇为 i；同是舌面后半高元音，圆唇为 o，不圆唇为 e。因此，在学习比较难的音如 ü 的时候，教师常常引导学生从简单的 i 音入手，通过唇形的圆展变化发出 ü。在语音学习之初，这种"以音代音"的类

立足于对外汉语教学的类推研究

推学习方法是正确有效的,但是当学生已经掌握了ü音的发音位置、音质特点后,教师再强调i和ü之间的联系就容易使学习者出现"找音"的习惯:在发ü音之前,习惯性地把i作为出发点,从而出现一些发音偏误。如发"雨"听起来像"一雨",单音节变成了双音节。o和e也存在同样的问题。类推教法的科学性和阶段性应是教师同时注重的方面。

2. 上声教学中容易出现的讲解不当

留学生在汉语上声的学习中都有同样的问题:上升段过长,而使上声听起来接近阳平。原因之一是在教学中,一些教师告诉学生"3声是先降后升",学生按照这样的模式类推发音而成。事实上,在汉语普通话中,上声发成"先降后升"的情况是很少见的,绝大多数情况下,上声发成"半上",其语音特征体现为"低""降"(可参考本书第三章相关内容)。如果我们能够以这两者为主要特征进行上声教学,就可以避免学习者出现上述问题,逐步建立起正确的上声发音模式。

3. 音节声韵母配合关系教学中容易出现的讲解不当

汉语学习者常常认为,拼音就是把每个音拼起来。如发汉字"住"的音,美国学生常常先发一个zhi,再发u。这种简单拼合的认知习惯导致部分汉语学习者的语音呈现出结合松散的发音特点,听起来不自然,甚至不准确。如上例,学习者往往在发声母音的时候,带出其呼读音的单元音部分(-i后),把一个音节变成了两个音节。

其实,发音时汉语声母和韵母之间有着不同的配合关系,声母发音时往往已经为韵母的发音做好了准备。以"住"为例,圆唇动作从声母zh就已经开始了,而不是到了u才开始有圆唇动作。教师在教授拼音时应该告诉学习者汉语声韵相拼时的这一特点,再通过具体示范让学生直接感受。举例来说,教师可以通过声母t和不同韵母结合时发音情况的变化让学习者理解这一特点,并将此规则类推至自己的语音实践中。

例如:

ta　te　ti　tu

在这4种情况下,t的发音无论是唇形还是舌位都有了变化。

4. 儿化韵教学中容易出现的讲解不当

儿化韵在汉语中具有独特的作用,不可忽视。对于汉语学习者来说,儿化韵对表意影响不大,但却影响发音的自然度。在汉语中,儿化韵的字只有"儿、耳、尔、二"等有限的几个,但发音却很困难。汉语中的另一类卷舌韵母——儿化韵母却很多。除了儿化韵自身以外,其他所有的韵母都能转化为儿化韵母。这种转化是由原来的韵母与儿化韵结合而来。但是,转化的过程并不是简单地相加,而是有缺失、有变化的。具体来说包括如下方面。

(1) 音节末尾是a、o、e、ê、u(包括ao、iao中的o [u])的,儿化时直接卷舌。这类韵母共有13个。

a-ar：刀把儿　板擦儿　冰碴儿　搭茬儿　树杈儿　掉渣儿

ia-iar：脚丫儿　豆芽儿　小匣儿　书架儿　哥俩儿　皮夹儿

ua-uar：年画儿　牙刷儿　香瓜儿　小褂儿　鲜花儿　笑话儿

o-or：一拨儿　围脖儿　山坡儿　媒婆儿　锯末儿　念佛儿

uo-uor：酒窝儿　发火儿　干活儿　课桌儿　小说儿　拉锁儿

e-er：饭盒儿　方格儿　蛋壳儿　逗乐儿　小车儿　存折儿

ie-ier：台阶儿　半截儿　小鞋儿　一撇儿　小碟儿　树叶儿

üe-üer：丑角儿　木橛儿　口诀儿　小靴儿　头穴儿　闰月儿

u-ur：小兔儿　眼珠儿　面糊儿　小卒儿　枣核儿　外屋儿

ao-aor：豆包儿　皮袍儿　灯泡儿　小猫儿　笔帽儿　口哨儿

iao-iaor：小表儿　麦苗儿　小鸟儿　豆角儿　作料儿

ou-our：小丑儿　土豆儿　小偷儿　纽扣儿　提手儿　小狗儿

iou-iour：皮球儿　抓阄儿　衣袖儿　小妞儿　小刘儿

(2) 韵尾是 i、n 的（除 in、ün 外），儿化时丢掉韵尾，主要元音卷舌。这类韵母共有 10 个。

ai-air：锅盖儿　小菜儿　鞋带儿　球拍儿　小孩儿　鸡崽儿

uai-uair：乖乖儿　一块儿　糖块儿　碗筷儿　老帅儿　使坏儿

ei-eir：摸黑儿　刀背儿　晚辈儿　姊妹儿　眼泪儿　挨剋儿

uei-ueir：零碎儿　耳坠儿　一会儿　跑腿儿　壶嘴儿　墨水儿

an-anr：上班儿　花瓣儿　床单儿　竹竿儿　门槛儿　汗衫儿

ian-ianr：笔尖儿　花边儿　相片儿　背面儿　窗帘儿　心眼儿

uan-uanr：茶馆儿　小船儿　一串儿　拐弯儿　贪玩儿　撒欢儿

üan-üanr：烟卷儿　手绢儿　圆圈儿　花园儿　椭圆儿　小院儿

en-enr：书本儿　脑门儿　花盆儿　双份儿　树根儿　杏仁儿

uen-uenr：打滚儿　没准儿　打盹儿　冰棍儿　三轮儿　开春儿

(3) 韵母是 in、ün 的，儿化时丢掉韵尾 n，直接加上 er。

in-inr：皮筋儿　鼓劲儿　背心儿　口信儿　树林儿　脚印儿

ün-ünr：短裙儿　围裙儿　合群儿

(4) 韵母是 i、ü 的，儿化时直接加 er。

i-ir：饭粒儿　玩意儿　眼皮儿　门鼻儿　小鸡儿　小米儿

ü-ür：金鱼儿　有趣儿　马驹儿　蛐蛐儿　小曲儿　毛驴儿

（5）韵母是 -i（前）、-i（后）的，韵母变作 er。

-i（前）- er：瓜子儿　写字儿　单词儿　鱼刺儿　肉丝儿

-i（后）- er：小事儿　羹匙儿　果汁儿　小侄儿　鱼食儿

（6）韵尾是 ng 的（ing、iong 除外），儿化时丢掉韵尾，韵腹鼻化并卷舌。这类韵母共有 6 个。

ang-angr：偏方儿　鞋帮儿　偏旁儿　帮忙儿　茶缸儿　赶趟儿

iang-iangr：木箱儿　小巷儿　豆秧儿　小羊儿　鼻梁儿　老将儿

uang-uangr：蛋黄儿　小筐儿　借光儿　木桩儿　天窗儿　成双儿

eng-engr：凉棚儿　小凳儿　顺风儿　门缝儿　挡横儿　头绳儿

ong-ongr：小虫儿　没空儿　门洞儿　小桶儿　胡同儿　酒盅儿

ueng-uengr：小瓮儿

（7）韵母是 ing、iong 的，儿化时丢掉韵尾 ng，并直接加上鼻化的 er。

ing-ingr：出名儿　花瓶儿　小病儿　门镜儿　打鸣儿　电铃儿

iong-iongr：小熊儿　哭穷儿　蚕蛹儿

上述变化总体来说体现在 4 个方面：①原：原韵母不变，直接加卷舌动作；②失：原韵母韵尾失落，主要元音加卷舌；③换：更换主要元音，并加卷舌动作；④加：在原韵母后面加央元音和卷舌动作。但是，汉语拼音方案却规定，无论儿化后的韵母如何发音，都在原来的韵母后面附加一个"r"表示该音节已经儿化，这种写法和读法上的不一致，造成了学习者认读和发音上的双重困难。在教学中，教师应该简要解释儿化韵母写法和读法上的不一致现象，避免学习者出现只是将舌简单上翘而形成的不自然发音，少讲原理，注重听辨与模仿。与其他语音项目的教学相比，儿化韵母的发音应该作为学习者汉语语音学习的长远目标，初级阶段点到即止就可以了。

5. 对拼音书写规则的不充分解释

在汉语拼音方案中，一些内容很容易引起汉语学习者的错误理解，并进而成为错误的类推原型，运用于语言实践中。其中，影响较大的是一些书写和发音形式不一致的韵母。有如下两组。

（1）都标注为 i 的一组音，发音不一样

ji qi xi   i 为舌面元音 i   [i]

zi ci si   i 为舌尖元音 -i   [ɿ]

zhi chi shi   i 为舌尖元音 -i   [ʅ]

（2）3 个书写与实际发音不同的复韵母

iu = iou

ui = uei

un = uen

上述 3 个复韵母，简写的部分都是主要元音，是韵腹，是整个音节中开口度最大、发音最响亮的部分。汉语学习者由于不了解这个简写原理，发音时容易从韵头直接发至韵尾，不仅影响韵母发音的完整性，也容易带来发音模糊、不清楚、与相近音混淆的问题。

（二）词汇教学：不以汉字教学取代词汇教学

王立从本族人的语感出发，也得出了同样的结论。王立运用社会学中已成熟的调查统计分析法，为属于社会心理范畴的

"公众词感"提供科学测量,结果表明:"汉字在'字'和'短语'之间还有'词'这一级单位。汉语公众心目中的'词'大多是中型汉语词典所收的词,比较接近'具体语境中的音步',与冯胜利、王洪君所定义的属于语音语法接面层级上的'韵律词'几乎完全一致。"[①]

对外汉语教学实践也证明,汉字的学习不能代替词汇的学习。

吴晓春在《FSI 和 CET 学生认字识词考察》[②] 一文中记录了对美国外交学院(FSI)学生所做的实验。累计学习 700~900 学时汉语的学生们,普遍存在着识词不识字的现象。

损失/亏损　建设/设施　许多/允许　目标/标准
继续/持续　准备/准则　一切/关切　原则/否则

斜线前是学生已经习得的词,学生能够认读。斜线后面的是生词,但包含了习得过的汉字。但无论该字的位置是否发生了改变,学生却不认识了。这说明,学生在习得的时候是以"整词"为单位输入的,他们对汉字的认识建立在词这个"语境"里。当旧知中的字移位进入别的词的"语境"时,他们并不能马上做出反应,将对该字的认识带入新词,有时甚至连这个熟悉的汉字也不认识了。[②]

(三) 语法教学:不混淆词汇教学和语法教学的界限

汉语词类的多功能性非常突出,有重"意"不重"形"的特点,具有很多隐性的语法关系,表意非常灵活。在对外汉语语法教学中要想充分发挥类推的正面积极作用,就要做到:分清语

---

① 王洪君. 从本族人语感看汉语的"词"——评王立《汉语词的社会语言学研究》[J]. 语言科学, 2006, 5 (5): 107-110.

② 吴晓春. FSI 学生和 CET 学生认字识词考察 [J]. 首都师范大学学报:社会科学版, 2000 (53): 131-135.

法教学和词汇教学的界限。唯有如此,教授者才不会被表意灵活的词汇的讲解牵扯大量精力,从而可以专心关注语法的可类推性。也唯有如此,才能体现汉语语法的系统性和内在的类推性质,提高学习者运用语法类推的有效性。

作为一种规则,语法具备如下属性:可以扩展;可以类推;不适用于单一个体,具有共性和普遍性。孙德金在《语法不教什么——对外汉语语法教学的两个原则问题》一文中指出:属于词汇范畴的不教,强调了语法教学和词汇教学的分野;属于共知范畴的不教,强调在语法教学中要充分利用第二语言学习者的认知能力。[①] 孙德金在文中举例:"'汉语中数词和名词中间要有一个量词'这条语法规则是对'一本书''一支笔''两件衣服''三张纸'等众多实例的抽象和概括,因此,它不单适用于某一'数量名'组合,而是适用于所有'名'的数量表达。它表现的是'数''量''名'三者之间的语法关系。这样的规则是语法规则。"孙德金认为,语法要管的是下面的问题。

*我有两书。　　　　(缺失量词)

*我喝了两个杯牛奶。(多用量词)

语法不管下面的问题。

*我买了一个笔。

*我认识那位人。

区分词汇教学和语法教学是由语言学习过程的特点决定的。语音、词汇、语法是语言教学的三大要素。词汇作为语言的表意单位,在量上是开放的,表达实际意义的实词,随着时代的发展及新事物的出现而不断增多。而作为语言系统稳定的内核,语

---

① 孙德金. 语法不教什么——对外汉语语法教学的两个原则问题 [J]. 语言教学与研究, 2006 (1): 7-14.

法的开放度很低,语法规则大部分是稳定的。"作为语言的学习者,他所要掌握的'语法',不是一个个有单独的理性意义、各种色彩的表意单位,而是有限的、稳定的、概括的、抽象的一条一条的规则,词汇和语法在语言学习过程中的作用不同。"①

区分词汇教学和语法教学同时也是由汉语课堂教学的特点决定的。第二语言学习者的学习时间有限,教学的组织应该做到教学资源的最大优化。在汉语中,除了实词,大部分的词在语义和语用上都有特点。但是,不能因为这些词意义和用法特殊,就成为语法教学的内容。孙德金认为:"类似的词语,可以通过实际的语言材料(词语所处的语境)和辅助的词典等工具书让学习者自行掌握。"①孙德金举例说:"比如'看'这个词意义和用法比较多,'看书'的'看'显然不需要教,但'说说看'的'看'就是语法教学的内容,因为这里的'看'起的是语法作用,'VV看'这个语法形式表达的是'尝试'这样一种抽象的语法意义。掌握了这种形式,学生也就获得了表达'尝试'意义时的一种可选形式(其他形式如'VV''VV试试''试着VV'等)。因此,概括说来,限定语法教学的范围一定意义上是由第二语言课堂教学的特点所决定的。"①

---

① 孙德金. 语法不教什么——对外汉语语法教学的两个原则问题[J]. 语言教学与研究, 2006 (1): 7–14.

立足于对外汉语教学的类推研究

第二节 学法原则

一、重视类推规则性和灵活性的结合

(一) 重视基本项目的学习

基本项目的应用范围广,可类推性强,适合学习者发挥自身的类推学习能力,在课堂上学习掌握,在实践中类推使用。这些基本项目主要包括:①规范的、常用的语言项目;②容易发生偏误的语言项目;③语法及词汇等的具体适用条件;④语法及词汇等的具体限制条件。

(二) 重视"义项观"的建立

学习者由词汇引起的错误类推主要由这样一些因素作用形成:①单义、多义属性词不同义项之间的复杂对应;②多义词不同词性的义项。

学习者需要树立多义词意识,建立"义项观"①。在汉语词汇学习中既要记住词形,也要分清义项。在学习中,应该按照义项成组地学习多义词,树立词汇学习的"义项观",这对学习者熟悉汉语词汇系统的系统性,进而掌握汉语词汇系统的构成和分布特点非常有帮助。

(三) 重视学习过程的自我指导

对于学习者来说,类推学习过程的自我指导主要包括如下方面。

---

① 孟凯. 留学生反义属性词的类推及其成因 [J]. 汉语学习, 2009 (1): 89-96.

第四章 利用类推法进行对外汉语教学的理论研究

1. 始终明确：类推不具有绝对性

学习者既要认识到利用类推学习汉语的可行和便利，也要认识到类推在任何语言的学习中都不具有绝对性。在汉语学习中，学习者应自觉对学习采用的策略和方法进行"监控"，当意识到自己出现了类推理解、类推运用的时候，首先想一想这样的类推是否具有理据性，也可以通过向教材、语法书、教师求证等途径验证自己的类推结果。求证，不仅可以一定程度地避免过度类推，也可以成为一个对学习内容深度加工的过程，让记忆更为准确和深刻。

2. 可用即用：最大限度地发挥类推学习的正面作用

在教学中，教师应对可以类推的词汇和语法等项目重点强调，鼓励学习者通过积极类推，自己发现汉语词汇、语法的规律。在进行《魔力汉语——中级汉语口语（上）》①第1课《大饱口福》的词汇教学时，本书作者引导学生进行了如下类推学习（图4.3）。

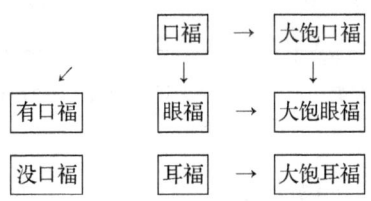

图4.3　《大饱口福》中词汇的类推学习示例

在进行《魔力汉语——中级汉语口语（下）》②第2课《下午得上班》的教学时，本书作者引导学生进行了如下类推学习

---

① 林齐倩、何薇、姚晓琳. 魔力汉语——中级汉语口语（上）[M]. 北京：北京大学出版社，2006.

② 林齐倩、何薇、姚晓琳. 魔力汉语——中级汉语口语（下）[M]. 北京：北京大学出版社，2006.

（图 4.4）。

教学第1步：
举出例句

> 我喜欢旅游，尤其喜欢去海边
> 他总是打呵欠，尤其是老师说话的时候
> 他常常迟到，尤其是星期一
> 小李很爱脸红，尤其是看到男生的时候
> 北京很干燥，尤其是冬天

教学第2步：
引导学生发现上述句子中"尤其"运用的特点。学生们按照教师的要求，完成任务

→ 有一个使用范围 | 进行比较 | 找出最突出的一点 | 在后一个分句中

教学第3步：
根据学生发现的"使用条件"，进行进一步的总结和强调

> 尤其
> ①在全体中/和其他事物做比较时，提出特别突出的一点
> ②一般放在后一个分句中，表示"强调"
> ③也可以说成"尤其是"

教学第4步：
类推性练习（在教学中，笔者利用教学PPT图片，和学生一起进行了反复操练，此处例句从略）

图 4.4　学习项目：副词"尤其"的用法

鼓励学习者通过积极类推、主动发现汉语词汇语法等的内在规律，具有如下的优点：①可以降低学习者因无法掌握规律而形成的学习焦虑；②该汉语项目的掌握是学习者内在类推学习能力和汉语内在类推性质共同作用的结果，加工深刻，记忆深刻。学习者在教师的引导和鼓励下完成课堂的类推学习，就能比较容易地建立起这一词汇类推模型，利于课后复习和巩固。

（四）重视练习的质和量

教师应该提供、学习者应该抓住质优量大的练习机会。这是

因为：①没有足够的练习，学习项目不能得到实践和巩固；②学习者容易出现的种种问题也不能暴露或者暴露得不够充分。

汉语课堂教学应该是一个模拟真实场景的练习场所，在这个环境中，教师可以有策略地对学生出现的语言交际问题进行提示，提醒学习者注意并改正。而学习者也应该扬"长"而不避"短"，努力参与练习，甚至努力"扬短"。汉语学习过程中的很多过度类推还处在隐蔽的状态下，学习者的"扬短"，不仅可以使教师认识到学习者的个性问题并解决它，也可以帮助我们更多更准确地认识过度类推的易发项目并努力预防。

二、重视元认知能力、概括能力、理解能力的培养

（一）重视元认知能力的培养

加涅认为："认知策略是内部组织化的技能，其功能是调节和控制概念与规则的应用。"弗来维尔（Flavell, 1979）认为元认知是对认知过程和认知策略的认识。具有元认知能力的学习者能够自动学习、控制和监控自己的认知过程。在学习及其迁移中元认知表现为对有关自己已有知识的思考和有关如何调控自己学习过程的思考。具有较好的元认知技能的学习者，在面临一种新的学习情境时，能够主动寻求当前情境与已有学习经验的共同要素或联系，对当前的知识与已有的知识形成良好的建构，并运用已有的经验对当前的情境进行分析概括，寻求解决问题的策略。掌握必要的认知策略和元认知策略，是提高类推发生可能性和有效性的便利途径。

授之以鱼，不如授之以渔。许多研究证明，认知策略及元认知策略具有广泛的迁移性。教师在教学中有意识地教学生一些认知策略和元认知策略将有助于学生学会如何学习，从而促进学习的迁移。结合实际学科的教学来教授有关的认知策略和元认知策

立足于对外汉语教学的类推研究

略,不仅可以促进对所学内容的掌握,而且可以改善学生的学习能力,使学生学会学习、学会思维,养成和提高类推的主动意识。在教学中,一方面教师要善于把学习的方法教给学生,如理解知识的最好途径、复习或巩固知识的方法等;另一方面,也要让学生不断总结自己的学习经验。

与母语相比,第二语言习得更依赖于元认知能力。在语言学习中,如果学习者仅是通过背诵、操练等机械的方式来掌握语言点,学到的语言点就是孤立的,很难灵活地运用于语言交际中。如果学习者能够调动有助于类推正面作用发挥的母语知识,能够利用生动的图形、图表、故事对所学知识进行主动整合,就有可能充分、透彻地理解新的语言材料的意义,并建构起知识间各种可能的联系。

以下以初级阶段听力课程的汉语词汇学习为例,说明学习者可以通过构建有意义的语境,对所学词语进行巩固复习。这一有意义的语境,实际上给了学习者一个内在的类推线索,通过这个类推线索,学习者完成了对词汇的深加工、深记忆。

通过一个阶段的学习,学习者已经掌握了如下词语。
①爷爷、奶奶、爸爸、妈妈、姐姐、哥哥、弟弟、妹妹;
②狗、猫;
③汽车站、火车站、地铁;
④图书馆、超市、邮局、银行、天安门广场;
⑤早上、晚上、起床、睡觉;
⑥天气、晴天;
⑦运动场、打太极拳、打乒乓球、打羽毛球、打网球;
⑧生日;
⑨饭馆、吃饭、米饭、面条、鱼、鸡、菜、面包、鸡蛋;
⑩看书、看电视、看报纸。

学习者首先可以将上述42个词和短语根据意义和搭配分为

10组,建立起第一个意义搭配类推模型。在复习时,可以分别根据这10组词语的共性,进行类推联想。

学习者也可以采用"语境记忆法",将这42个词和短语编成如下自述型的小文章。

我的一天

我爱我的家。我家有9口人:爷爷、奶奶、爸爸、妈妈、姐姐、哥哥、弟弟、妹妹,还有我。我家还有1只小狗和1只小猫。

我家的左边是汽车站,右边是图书馆,前边是超市,后边是火车站。欢迎来我家玩儿!

我每天早上6点起床。起床以后,我去运动场。我有时候打太极拳、打乒乓球,有时候打羽毛球、打网球。7点,我吃早饭。早上我喜欢吃面包和鸡蛋。

今天天气很好,是晴天。上午,我想去邮局和银行。下午,我去天安门广场,我坐地铁去。晚上,我想和朋友一起去饭馆儿吃饭,今天是他的生日。我们都喜欢米饭、面条、鱼、鸡,还有菜。我们不喜欢喝酒。我10点睡觉。睡觉之前,我喜欢看书、看电视、看报纸。

上述模拟语境给了学习者一个潜在的内部线索,可以帮助学习者依据时间、内容等多种要素进行由情境到词汇的类推复习。

(二) 重视概括能力的培养

前文谈到,原有的知识越具有概括性,正向迁移的可能性就越大,因此,在教材的选择和组织上,应把每门学科的基本概念及原理放在教材的中心地位,作为教材的重点,以突出教材的内部规律。具体到对外汉语教学,因为教材编写思想的不同,对于基本概念和原理的处理方式和深度也就有所不同。教师应该具备处理教材的能力，帮助学习者辨别教材中的重点内容及每一课的重点项目。教材的处理能力应该是教师教学能力的有机组成部分。之所以突出基本概念、原理的选择、组织和安排，是因为它们将直接影响到学习者对类推性强的语言项目的感知和把握。

突出基本项目和原理的学习还有助于培养学习者的概括能力。如果学习者具有独立分析、概括问题的能力，能觉察到语言点之间的内在联系，善于把握新旧知识的共同特点，就有利于类推正面作用在汉语学习中的发挥。概括能力强的学习者，其迁移过程呈现压缩和跳跃状，迁移速度快；概括能力弱的学习者，其迁移过程按部就班，不够流畅，迁移速度慢。反映在语言学习上，就是对已经学过的语言项目进行类推拓展时，或者将已有语言经验类推运用于新项目的理解和学习时，会产生不同的学习速度。在概括能力的培养上，学习者要注意如下方面。

①认识到概括的重要性；

②要通过配合教授者教学、努力探索语言规律，养成概括的习惯；

③要努力增加自主探索、求证语言规则的次数；

④努力将已知类推至新知，学会解决新问题。

（三）重视理解能力的培养

迁移与学生理解能力的高低密切相关。如果学生对所学知识的基本内容、基本原理能够充分理解，迁移就容易产生。靠死记硬背获得的知识，不仅不利于学习成绩的提高，也阻碍迁移的出现。

理解还要和熟练结合起来，才能取得迁移的最佳效果。教师要给学生提供各种练习机会，帮助学生充分理解和熟练掌握语言知识。如在课堂中设立问题情境，让学生自己思考，并从中找出答案。

下例为笔者在《汉语会话301句·下册》教学中的一次"快问快答"。教学目标是复习词语辨析——用于形容词前的"有点儿"和用于形容词后的"一点儿"。具体要求是在教师说完后,学生应迅速回答。

教师:买东西的时候,要是<u>有一点儿</u>贵,你就说……
学生:请问能不能<u>便宜一点儿</u>?
教师:小明<u>有一点儿</u>不舒服,吃了药以后,他……
学生:吃了药以后,小明<u>舒服一点儿</u>了。
教师:老师说话<u>有一点儿</u>快,所以你对老师说……
学生:老师,请您说<u>慢一点儿</u>。
教师:小王<u>有一点儿</u>冷,多穿了一件衣服以后,小王觉得……
学生:小王觉得<u>暖和一点儿</u>了。

三、重视练习

有研究表明,先前学习的内容,必须经过充分练习,才能易于迁移,否则先后两项任务因有共同成分而容易导致混淆。

充分练习可以使许多基本语言技能自动化,学习者不必有意识地注意。这样,学习者大量的时间和精力就可以投入到更为复杂的语言项目和技能的学习中去了。

充分练习可以帮助学习者对语言项目进行更为深入的思考,进行更有深度的加工,从而强化类推原型的稳定性。学习者只有在对该项目熟练运用以后,才可能有更多的精力和时间去思考该项目和新项目或者之前所学其他项目的异同,从而忽视表面的相近,努力发现实质的不同。此外,类推原型稳定性越高,学习者提取就越方便,在语言交际中的价值就越高。

目前的听力教学往往局限于课堂内的教学和练习,课后作业因不易操作和控制而被教授者和学习者所忽视。而听力往往又是各级汉语学习者的薄弱环节，且和口语能力密切相关，笔者认为，充分的练习是非常有必要的。

在初级听力的教学中，笔者进行了这样的尝试。零起点学习者第一学期的学习时间平均为 4 个月，在教学中笔者将听力课程也设置为 4 个进阶训练环节。在每一个环节中，学习者都要完成相应的课后作业。

1. 第 1 阶段（学习的第 1 个月）：原句听写

这些句子在课堂上详细讲授过，作业中不做大的变动。教师将录音带和作业纸发给学习者，要求其根据录音做听写填空练习。有关日常生活内容和概念的词语、涉及语言结构的重点的结构词是本阶段听写的重点。

2. 第 2 阶段（学习的第 2 个月）：小短文的全文听写

短文由教师自主编写，组成短文的句子均在课堂上讲授过，内容包含前一阶段所学的重点词汇和学习者词汇的薄弱部分。

3. 第 3 阶段（学习的第 3 个月）：精听和泛听

课后作业从量到难度上都有大的变化。作业包括精听和泛听。泛听部分没有听写和填空，学习者只需回答若干问题。精听部分，学习者则要完成听写或者填空任务。精听和泛听的材料为童话、幽默故事等，经过教师改编，词汇、语法难度适合学习者此阶段的学习水平。这个阶段课后作业与前两个阶段最明显的不同是增加了自学部分。精听和泛听材料中出现了一定量的陌生词。教师在作业纸上给出这些词汇，要求学习者在听前查字典，了解词语意义。课堂讲授是由教师完成的对词汇的深加工，此阶段的作业则要求学习者自行完成对陌生词的深加工。

4. 第 4 阶段（学习的第 4 个月）：精听短文、听后回答问题

这个阶段继续保留第 3 阶段学习者自查自学一定量陌生词的做法。学习者完成了精听填空作业后，要回答问题。这个阶段的精听内容主要以中国的民风民俗、文化知识为主。在回答问题部

分，教师除了针对短文提出问题外，还根据短文主题，请学习者尽可能多地介绍自己国家的相关情况。一次听力作业，实际上完成了听、说、读、写多项任务，学习者在做作业的过程中学到了他们感兴趣的中国文化知识，强化了多方面的语言能力，完成作业的积极性很高。

需要注意的是，在批阅完作业后，教师应将完整的、正确的作业答案发给学习者，在其听错的部分做出明显标记，敦促学习者课后反复聆听。纠错也是对词汇的深加工，从中可以发现学习者听力中的"顽疾"并逐步加以纠正。

第三节 教材原则

认知结构迁移理论认为，为迁移而教，实际上是在塑造学生良好的认知结构，而学生的认知结构是从教材的知识结构转化而来的。要确保学生良好认知结构的形成就要从教材内容的选择和教材的呈现方式两个方面入手，理想的对外汉语教材应该具备这样一些特点：学习项目具体详尽；解释和界定并举；能缩短学生由母语向汉语转化的过程；有利于培养学习者主动学习的兴趣。

在教材的编写上则应该体现如下原则。

一、重视基本性概念

布鲁纳认为，所掌握的内容越基本、越概括，则对新情况、新问题的适应性就越广，也就越能产生广泛的迁移。在汉语教学中，那些基础的结构和表达具有广泛的适应性，用于类推的价值最大。学习者尽可能多、尽可能稳定地掌握这些基础结构和表达法就能走向适度类推的学习之路。教材应该体现对基本性概念的重视，强化教学内容的规律性；应该突出基本概念和原理的学习，将其放在教材的中心。这些汉语学习项目和原理应该具备如下特点。

(一) 具有较高的概括性

(1) 规范的。对外汉语教材的内容组织要规范和精密。在例句的选用和陈列上，课文主体与课后练习之间，单元与单元之间，单元内的语音、词汇、语法之间，跨单元的语音、词汇、语法之间等，都能够突出举一反三、触类旁通的类推特点。

(2) 典型的。这些典型性的语言项目应该满足基本的交际需要。

例如：

①封闭性词语。包括基础性结构类功能词、基础性范畴类功能词、必需语气词、必需单音副词、数词、代词。

②开放性词语（日常生活中最必需的概念词）。包括名词、形容词、量词、动词。

动词应该是教学的重点，这是因为动词是句子组织的核心，动词的词义变动最大，动词的功能最强。

(二) 具有较强的包容性

①概括性强。能满足构筑基本句法的需要，包括语法需要、表达需要、词语搭配需要。

②适用范围广。能满足语言功能和交际话题。

③同义词、反义词、同语境词（在相同语言环境中可互换使用的适用词语）。

(三) 具有强有力的解释效应[①]

①最容易发生偏误的。

[①] 本书在前文中已对此问题进行了阐述，此处不再赘述。

②语言项目的适用条件和限制条件。

二、重视内在可类推性

（一）注意教材的整体结构及各种知识间的联系以促进类推的发生

学习内容之间的关系是类推发生的重要条件，为了有效类推的发生，学习者必须具备从整个学习体系的关系模式中看待当前的某一个语言学习项目的能力。因此，教材除了突出重点内容之外，还要加强概念、原理、章节之间的联系。这是因为如果教材注重整体结构和知识间的联系，教师和学习者就可以：①根据教材的内在关联性，了解语言学习的全貌和语境；②较快地挖掘概念、原理、内容之间的关系，指出异同点，防止过度类推、类推不当的出现；③较快辨认各种语言现象及需要解决的问题的特点；④尽可能多地建立起已知材料与新材料的联系，促进新旧知识的结合。

这样，一方面可以避免传统教学中重细枝末节，轻整体知识的教学倾向；另一方面可以有效避免或者减少学习者学到的语言知识不成体系，以及不能融会贯通、灵活运用的问题。

对外汉语教学往往分课教学同时进行，教材的编写也应该体现出相互协调、相互配合的原则。对于核心教学项目，应该从听、说、读、写多个课型出发，以多种形式反复出现，帮助学生形成稳定性高、可利用性强的类推原型。这样的教材编写模式可以避免重复劳动，避免浪费教学时间和教学资源。

（二）注意前后内容的关联，使教材具有内在的可类推性

教材的选编，要从整体上考虑循序渐进的原则，内容上应前后呼应，并有适当的交叉和重叠。教材的若干单元应该做到如下

几个交叉。

①先后两个单元要有适当交叉和重叠,使先前学习成为后继学习的准备,后继学习变成先前学习的自然延伸。

②教材整体上要有适当的交叉和重叠。重要的汉语学习项目应该在学习者的教材中,在其遗忘的临界点上反复出现,不断强化记忆、强化使用,使其成为稳定的类推原型和模式。

(三) 注意有意识地引入类推项目以辅助教学

教学内容的组织要注重各要素之间具有科学的、合理的逻辑联系,使已有的知识能够很好地同化新知识。对于缺乏内在关联的学习内容,教材可以引入帮助理解的类推项目,即背景知识等的介绍,也可以帮助学习者建立新旧知识之间的联系,使新知识与原有知识建立联系而获得意义,从而对学习内容产生理解性类推。

奥苏伯尔通过设计"组织者"(也称"先行组织者")来改变被试的认知结构变量,提高原有认知结构的可利用性、可辨别性和稳定性,促进新的学习和保持。所谓"组织者"就是在有意义的学习中,在呈现正式的学习材料之前,先用浅显、易懂的语言介绍的一些引导性材料。这些能充当新旧知识"认知桥梁"的材料,称之为"组织者"。因为它呈现在新学习材料之前,又被称为"先行组织者"。设计"组织者"的目的,是为新的学习任务提供观念上的固定点,增加新旧知识之间的可利用性和可辨别性,以促进类推性的学习。也就是说,通过呈现"组织者",给学习者已知的东西与需要知道的东西之间架设一道知识之桥,使之更有效地学习新材料。

第五章　对外汉语教学中的
过度类推现象[①]

类推是前提和结论之间没有蕴含关系的或然性推理，其结论是或然性的。在类推的过程中，如果仅仅根据两个对象在个别属性上的相同，或者两个对象表面的、偶然的相似，推导出的结论可靠度会很低。如果将不可类推的语言现象进行类推，忽略个性现象，盲目运用类推，则会推导出完全错误的结论，形成过度类推。本章主要讨论对外汉语教学中过度类推出现的阶段、特点及成因。

第一节　对外汉语教学中的过度类推及其阶段和特点

一、对外汉语教学中的过度类推

类推法在对外汉语教学中的应用，培养了学生举一反三、触类旁通的汉语学习习惯，在一定程度上促进了其对汉语知识的理解和掌握。但在实际汉语运用中，我们发现，离开了控制性的类推练习，学生却往往因为对母语和目的语的相似点或对目的语某一规则的过度类推而形成了大量的偏误。如何减少过度类推的发

---

①　本章内容还可参见第一章第二节中关于"第二语言习得研究视野中的类推"的阐释。前面论述和涉及的内容，本章不再重复。

生,汉语学习中的过度类推发生在哪一个学习阶段、哪一些学习内容,是在研究最大限度发挥类推作用前需要解决的问题。

在类推的基础上,20世纪80年代初期,学者们提出了"过度类推"(Overgeneralization)观点。Dulay Burt 和 Krashen(1982)、Theo van Els(1984)、D. Lott(1988)等先后对"过度类推"的概念及起因等进行了探讨并指出,"过度类推"就是语言学习者将目的语的语法规则运用推广到不应有的范围,其产生是"由于第二语言中的某些语言现象具有第一语言的某些特征,因而常常被学习者误用"。①

学者们的研究概括了过度类推的两个领域:母语到目的语;目的语到目的语。具体来说,汉语学习者将母语规则不恰当地类推至汉语学习和使用,或者将某一汉语规则类推使用到不恰当的范围就形成了汉语学习中的过度类推。因为类推的结论只是一种"可能"而非"必然",其科学性和真实性还需要进一步的证明,所以,过度类推的实质是混淆了类推结论的可能性和必然性,错把"可能"当成了"必然"。

二、对外汉语教学中过度类推的阶段性

(一) 母语期

母语期的过度类推主要发生在学习初期。这类过度类推形成的偏误在学习者母语中可以找到类推原型(根源),其类推思维轨迹具有同一性,持相同母语者出现的偏误具有明显的规律性。

(二) 目的语期

目的语期的过度类推主要发生于学习初、中期,出现在学习

---

① 本段内容前面也有涉及。

者将自己先前所学的汉语知识，以类推的方法应用于新的语言项目的理解或学习时。这类偏误在母语中找不到类推原型（根源），偏误具有规律性，也具有个体性。

两个阶段的划分并不绝对，母语和目的语带来的过度类推现象在学习中同时存在，只有数量比例上的不同。

三、对外汉语教学中过度类推的特点

（一）规律性

由"过度类推"形成的语言错误具有一定的规律性，主要反映在汉语的语音、构词、语法规则3个方面。

（二）发展性

由"过度类推"带来的偏误具有发展性：学习者在意识到"过度类推"引起的语言偏误后，能够在之后的学习和使用过程中积极地加以避免和修正。学习者的这种自觉意识，伴随着汉语水平的提高而不断提升。

（三）顽固性

学习者在过去的学习经历中形成的习惯很难在短时间内克服。尽管教师已经指出且学习者也认识到了某一类推在原型、途径上出现的问题，但在具体语言交际实践中，还是很难完全克服。

（四）可理解性

由"过度类推"方式带来的汉语表达，无论语音、词汇还是语法，一般情况下，交流对象可以理解。

立足于对外汉语教学的类推研究

第二节 对外汉语教学中过度类推的成因分析

赵元任说:"在语言现象中寻找系统性和对称性,在方法上是可取的,只要不走得太远。"① 在语言学习和语言教学中,尽管类推发挥了积极的作用,但是仍然不能作为学习的根本性原则。类推法在二语学习中的这一地位是由以下几个方面决定的。

一、类推自身的特点

(一) 类推结论的或然性

类推是前提和结论之间没有蕴含关系的或然性推理,其结论是或然性的。在类推的过程中,如果仅仅根据两个对象在个别属性上的相同,或者两个对象表面的、偶然的相似,推导出的结论可靠度会很低。如果将不可类推的语言现象进行类推,忽略个性现象,盲目运用类推,则会推导出完全错误的结论。对外汉语教学中的类推具备类推本身的性质,其结论也是或然性,而不是必然性的。如果学习者在类推运用的过程中,将可能性看做了必然性,就会导致过度类推或者错误类推。

例如:在表示面积时

米	平方米	平米
公尺	平方公尺	*平公尺
公里	平方公里	*平公里

"平方米"可以说成"平米",但是同样表示面积的"平方公尺"和"平方公里"就不能说成"平公尺"和"平公里"。

---

① 赵元任. 汉语口语语法 [M]. 北京:商务印书馆,1979.

再如:

一米　一米七　　一米七五

一元　一元七　＊一元七五

同样是十进位,可以说"一米七",也可以说"一元七",但是不能说"一元七五"。①

(二) 类推本体的相异性

相似性是类推的生命,但这并不意味着两个有相似性的事物就一定可以类推。类推是多种信息的整合和重构的过程,如果只是注重了作为类推基础的"相似性",忽视了两者之间的"相异性",就可能造成失当类推和过度类推。

对于一个事物而言,它的特征丰富多样,但并不是每个特征都是我们进行此次类推所需要的。类推的前提是提炼抽取我们需要的特征来建立类推原型的模型,并进而建立类推关系。这个过程,往往渗透着思考者的主观意图,难以确定。

二、汉语自身的特点

(一) 语言规则的不可穷尽性

语言现象具有模糊性,规则也如此。语言中只有一小部分规则是界定清楚的,绝大部分规则都有例外。举例来说,形声字可以依据形旁表音,但是其总体表音度只有 66.04%②。每条规则都有适用的范围,教师在教授规则的时候,其主要任务不是"解释",而是界定。对重点词汇、语法项目,不能只追求让学

---

① 邹韶华. 论语言规范的理性原则和习性原则 [J]. 语言文字应用,2004 (1):16-25.

② 陈原. 现代汉语定量分析 [M]. 上海:上海教育出版社,1989.

立足于对外汉语教学的类推研究

生理解当下语言环境中特定词汇、语法的意义和用法,还应该讲明其适用的范围,尽可能地控制学生的无效类推、过度类推和错误类推。

任何一种语言都在动态中不断发展,汉语亦如此。语言系统动态发展的本质属性,使系统内部的规则也一直处在变化之中。再以形声字为例。汉字形符的表意功能是指形符能够提供跟字义相关的信息,是汉字形声字重要的属性之一。但随着时代的发展,生产力和科学技术的进步,人们对客观事物认识的深入,一些使用频率较高的常用字,无论是本义还是引申义,都发生了很大的变化。这些变化体现在形符上,就是表意功能的局限性;有些字的字形虽然没有变化,但是形符已经很难理解。

(二) 汉语中存在着大量不可自由类推的因素

对外汉语语法教学最值得重视的问题是能不能很好地体现培养学生实际运用汉语能力这一教学目的,不单纯注重语法知识的教学,不让教什么和怎样教跟应有的教学目的及学生的学习目的相违背。对外汉语语法教学过程中存在的问题具体表现在如下方面。

①汉语教学过程变成了静态语言知识的传授过程,而不是和现实语境、交际目的相结合的动态教学过程。

②语法点教学的主要方法是机械模仿、套用某种格式,通过反复训练给予强化,使学习者掌握并熟练套用。对外汉语教学的对象主要是具备较强逻辑思维能力的外国成年人,其学习的最大特点就是善于对比和类推。在教学中,教师引导他们注意了句法的形式格局,却没有做出充分的解释和限定,这就造成了学生在套用或实际使用这些句式时出现了种种问题。

语法规则是从众多语法现象中概括出来的,它仅是一种抽象的公式。吕叔湘说"要知道公式是抽象的,它的具体实现不是无限制的。有些组合符合这个公式,但是实际上没有这种说法"。①

| 今天 | 要 不 | 谈 谈谈 | 这个 两个 这两个 | 问题 |

以上所列词语或字可以组成同一格式的 12 个句子,其中有 5 个是从来不说的。

今天要谈这个问题。　　　今天不谈这个问题。
今天要谈两个问题。　　　*今天不谈两个问题。
今天要谈这两个问题。　　今天不谈这两个问题。
今天要谈谈这个问题。　　*今天不谈谈这个问题。
*今天要谈谈两个问题。　　*今天不谈谈两个问题。
今天要谈谈这两个问题。　*今天不谈谈这两个问题。①

语言现象本身的组合受到诸多条件的限制。学习汉语以前,学习者对汉语一无所知或所知甚少。在学习过程中,他们严格甚至"虔诚"地按照老师所教的语法规则举一反三,语法虽然没有问题,但还是形成了错误表达。

汉语中还有很多这样的不可自由类推因素。

1. 汉语形式和意义的悖论

(1) 汉语中存在否定形式和否定意义之间的矛盾

下列否定形式都表示肯定意义。

好不容易——好容易

差十分不到九点——差十分到九点

差点儿没摔死——差点儿摔死了

没开会以前——开会以前

---

① 吕叔湘. 怎样学习语法 [C] //吕叔湘语文论集. 北京:商务印书馆,1983.

中国队大败日本队—中国队大胜日本队

可不是嘛/可不嘛/可不是/可不——是的

(2) 汉语中存在形式和意义不同带来的理解困难

①通过疑问语调使肯定/否定相互转化。例如反问句:

你不是小龙吗?

难道你不喜欢?

②通过感叹语调使肯定/否定相互转化。例如:

你呀!(表示埋怨、不满的语气)

你说你!(表示埋怨、不满的语气)

③数字的虚化。例如同样是"三":

三个臭皮匠,赛过诸葛亮　　→　　"三"表示多

举一反三　　　　　　　　　→　　"三"表示多

三言两语/三拳两脚　　　　　→　　"三"表示少

2. 汉语的词义

(1) 词义不等于语素义的相加

语素教学法是常见的教学方法之一。汉语以语素为基本单位,是一种语素语言。语素是最小的语音语义结合体,可以单独成词,也能作为构词成分和别的字组成合成词。合成词的词义与构词字的字义之间通常有着直接或间接的关系,例如,"水杯"和"红灯",各由两个语素组成,词义与字义之间的关系非常密切,前面的"水""红"分别修饰后面的"杯""灯"。以此类推,还可以得出"茶杯""酒杯""咖啡杯""绿灯""黄灯""日光灯"等词。用"语素法"讲解一些意思较具体的词时,简洁明了、实用性强,但在汉语词汇中,并不是所有的合成词都是语素义的简单相加,所以在遇到一些意义较为抽象、词义不等于语素义简单相加的词的时候,学习者就容易出现类推失当和过度类推。

(2) 构词法

类词缀具有很强的派生能力,能产性很高,能大批量产生新的词语,但这些新词语仍然只是整个汉语词汇系统中很小的部分,更多的是由并列、偏正、补充、支配、重叠等方式构成的合成词,这些词语的类推性较弱。

(3) 反义词

从逻辑上看,肯定与否定对立,一组反义词在意义上也应该对立,且可以类推,但语言中却不是这样,汉语中亦如此。

例如:

①大饱口福

＊小饱口福

②胃口大开

＊胃口小开

③知我者,你也

＊不知我者,你也

④口味重

＊口味轻

虽然汉语中的反义属性词具有显著的形义对应性,但是"词义与词法之间的对应关系是错综复杂的,复合词词义的对立未必完全由反义语素义来反映,反义语素义在进入词义后也不一定都能体现出复合词词义的对立"[①]。在利用"单音节反义词+同一语言成分"这一方式构造反义词时,为了更好地实现语义对应,"汉语社团会从语素的同一性与排歧性、语素义之间的和谐度等方面来考虑语素的选择问题"[①]。学习者不了解汉语社团构词时的多重限制,按照常见的反义词进行类推,过度类推的出

---

① 孟凯. 留学生反义属性词的类推及其成因 [J]. 汉语学习,2009 (1): 89-96.

立足于对外汉语教学的类推研究

现就不可避免了。

（4）同义词

词汇教学是对外汉语教学的中心任务。在中、高级阶段，这一任务的难点之一是进行同义词教学。同义词是"处于同一种语言中的一组词（至少包括两个词），它们至少在某一个义项上存在着意义大同小异的关系"。汉语中的同义词数量众多，且很多同义词间差别细微，导致学生理解和记忆的难度很大。教学中，对同义词的处理还存在着这样一些问题：①项目选择不够典型，交际性不强；②教学顺序、主次安排不当；③教学层次、步骤不够清晰。

同义词概念中的"大同"主要是指该义项的核心理性意义相同，"小异"则主要是指在该义项的周边理性意义、附加意义、组合方式、聚合方式等任何一个方面中存在差异。具体来说，常常存在于5个项目上：①词性；②结构；③意义；④搭配和用法（组合方式）；⑤反义词（聚合方式）。教师对其中任何一个方面的限定条件讲解不够，学习者对其中任何一个项目的了解、理解不够，都可能造成过度类推。

（5）虚词

在任何语言中，虚词都比实词少得多，但虚词在语言中的重要性却大大超过实词。在汉语中，虚词占有更重要的位置。"据不完全统计，外国学生所出现的语法错误，跟虚词相关的要超过60%。"[①]

"虚词之所以要重点讲，还在于虚词的'个性'很强，同一类的虚词用法上可以很不一样。因此，对于虚词，老师不能只讲类的特点。如介词，只讲整个介词类的特点，常用的、重要的虚

---

① 陆俭明."对外汉语教学"中的语法教学［J］.语言教学与研究，2000（3）：1-8.

词必须一个一个讲;而学生也不能一类一类地学,而一定得一个一个地学。而且,由于虚词的使用频率一般都比较高,而使用频率高的虚词往往是用法复杂的虚词,因此虚词的学习与掌握一直是对外汉语教学中的一个难点。汉语虚词,特别是一些常用虚词,如介词'把''对于''关于''比'等,动态助词'了''着''过',结构助词'的'以及语气词等,都应成为对外汉语教学中的重点。对于汉语虚词,我国虽然有悠久的研究历史,但许多虚词的用法至今没有研究清楚,特别像'的''了''着''把'等。"[1] 这些都构成了学习者类推的学习障碍。

3. 语义关系的不可自由类推因素

周卫华在《从中文信息处理的角度看动宾语义关系的分类》一文中提出:"动词和宾语之间的语义关系是由动词决定的,而且动词的意义对宾语的语义角色有一定的选择限制。汉语中的动词和宾语之间的语义关系之所以非常复杂,一个很重要的原因就在于尽管动词的意义对宾语的语义类型有一定的选择限制,但一些不是动词意义所规定的语义成分,也能因为某些语用动因而出现在宾语的句法位置上。这说明,动词和宾语的语义类型并不存在一种明确的对应关系。从动词来看,有的动词只能带一种类型的宾语,有的可以带两种,多的还可以带4种或5种。从宾语来看,有的宾语类型只能做动词意义规定的宾语,如受事宾语、结果宾语等;有的宾语类型既能充当动词意义规定的常规宾语,也可以充当代体宾语,比如处所宾语。由此可见,如果我们仅仅只是对宾语的语义类型做出划分,考察动词和宾语类型上的对应关系,还很难满足信息处理的需求,无法给自然语言的识别和生成

---

[1] 陆俭明."对外汉语教学"中的语法教学[J].语言教学与研究,2000(3):1-8.

立足于对外汉语教学的类推研究

提供明确的规则。"①

周卫华对孟琮等编写的《汉语动词用法词典》② 中的500个单音节动词进行了考察,认为:"如果动词的意义规定宾语必须为某种语义角色,那么在句法上担任这种语义角色的名词性短语一般都可以自由类推。类推又可以分为两种情况:一种是可以自由类推,如'到'表示'达于某一点;到达;达到'意义时,它规定宾语的语义角色是处所,能够担任处所这个语义角色的名词性短语可以自由类推,可以说'到北京、到美国、到学校、到农村、到屋里、到山上'等;另一种是只能在一定范围内类推,但不可完全列举,比如'打'表示'买'这个意义时,它规定宾语的语义角色是受事,如果用于在食堂买饭或买菜这一语境中,它的宾语就只能在某个范围内进行类推,但无法完全列举出来。当然,由动词的意义规定的宾语,也有不能自由类推的情况,不过这种情况比较少。如果某种类型的宾语不是动词的意义所规定但又出现在宾语的句法位置上,一般都不可自由类推。比如处所宾语,当它出现在'吃'后面,就不能自由类推,因为处所宾语不是'吃'所规定的语义类型。不可自由类推也分为两种情况:一种是不可自由类推,但可以在一定范围内完全列举,比如'打'表'殴打;攻击'意时,能进入宾语位置的工具成分就不可自由类推,但我们可以完全列举出来,比如'打棍子、打板子'等;另一种是俗语,其宾语完全不能类推,比如'闯红灯、出风头'等。"①

周卫华认为,"一般来讲,类推性较强的语法现象,容易建立规则,类推性很弱的语法现象,难以建立规则。从中文信息处

---

① 周卫华. 从中文信息处理的角度看动宾语义关系的分类 [J]. 湖北社会科学, 2007 (5): 137 – 139.

② 孟琮, 郑怀德, 孟庆海, 等. 汉语动词用法词典 [M]. 北京: 商务印书馆, 1999.

理的角度,我们将二者区分开来,具有一定的可行性。对于类推性较强的语言现象,我们可以通过系统、深入的研究,建立起与之相适应的语言规则,为计算机提供明确的条件;对于类推性很弱的语法现象,我们就无须付出昂贵的代价而为之建立规则,可以统统将它们放入词库"。① 如图5.1所示。

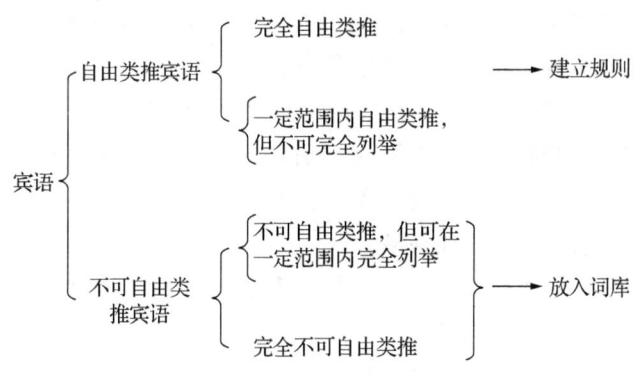

图5.1 两类宾语的中文信息处理方案

三、教授者因素

(一) 控制性类推形成的"掌握假象"

本书在第二章中对部分教材中的类推性练习进行了调查,发现教材的编写和练习中运用了很多机械性的操练方法。常见的包括:替换、变换句子、扩展练习。在初级阶段,这些练习常常体现为控制性练习,学生在教师和教材的控制下进行操练,错误率低,从而形成一种"掌握"的假象。可一旦失去这种人为控制的语境,学生就会产生大量的偏误。"刺激—反应"练习在帮助

---

① 周卫华. 从中文信息处理的角度看动宾义关系的分类 [J]. 湖北社会科学, 2007 (5): 137 – 139.

学生掌握语法规则方面具有不可替代的作用，但细化其限定规则是避免类推失当的措施之一。

（二）教授过程中的"注重"和"忽略"

在教学中，教授者如果只注重某一方面的限制，而忽略另外一个或者多个方面的限制，就会导致学习者以偏概全、以点概全、盲目类推，从而形成泛化型偏误。

以下以"一点儿""有点儿"为例予以说明。

如果教师将"一点儿"和"有点儿"的区别做如下陈述。

一点儿：置于名词前，表示数量少。

例：我买了一点儿蔬菜。

有点儿：置于形容词前，表示性质状态的程度不高。

例：我有点儿累了。

学生则可能根据教师的解释，类推出下列句子。

＊妈妈有点儿高兴。

＊房间有点儿整齐。

＊苹果有点儿好吃。

在这里，教师应该在讲解中进一步做出如下限定。

有点儿＋形容词：一般表示不满意的情况。形容词一般带有消极色彩，我们可以说：

妈妈有点儿不高兴。

房间有点儿脏。

苹果有点儿苦。

被动句是外国学习者的学习难点之一。因为在汉语中使用频繁，具有较为重要的交际价值，被动句常常被列为汉语学习的重点，从而受到教师的重视。英语被动表述结构相对简单，形式为"be＋过去分词"。在英语中，被动表达的使用非常普遍，表达被动意义都需要使用这一结构。汉语的被动句却是一种特殊的动词谓语句,分为有标记被动表述和无标记被动表述两大类,结构和意义非常复杂。当没有必要强调被动意义的时候,一般多用无标记被动表述。以英语为母语的国家的留学生初学"被"字句时,很容易将母语中典型的无标记结构(即"be + 过去分词"形式)迁移到汉语的无标记被动表述中。

例如:

* 这些面包被卖完了。

这些面包卖完了。

* 菜被做好了。

菜做好了。

* 衣服已经被洗了。

衣服已经洗了。

英语的被动语态和汉语的无标记被动表述都是语言基本的句式。但汉语的有标记被动表述常常用来表达不如意、不满意的情绪或者不幸的遭遇等,常含有贬义色彩,属于有标记的句式。教师如果不能对有标记被动句的使用做出说明并帮助学生理解和掌握,被动句仍然会是以英语为母语国家留学生的难点。[①]

(三) 类推原型的可类推性

所谓类推原型,就是学习者掌握的汉语学习的一些基本规则,涉及语音、词汇、语法等多个方面。这些类推原型应该具有较强的可类推性,即学习者可以从类推原型出发,举一反三,组织大量语言学习材料并用于语言实践。类推原型的可类推性由原型可利用性、原型可辨别性、原型稳定性3个方面组成。和类推原型相关的过度类推主要由这3个方面的因素形成。

---

① 梁改萍,冯小钉. 标记性及其在母语迁移中的作用 [J]. 平原大学学报,2006,23 (6):97 – 100.

1. **教师提供给学习者的类推原型可利用性不高**

汉语学习中类推原型的可利用性主要指教师提供给学习者的类推原型是否基础，是否具有较大的类推空间。只有提供给学习者最基础的汉语知识点，学习者才有可能在语言实践中反复尝试、反复巩固，进而形成使用的自动化。

2. **教师提供给学习者的类推原型可辨别性不高**

汉语学习中类推原型的可辨别性主要指教师在提供新的知识点的时候，与以往所学的相关知识点之间的可分辨程度，类推原型的可辨别性越高，越有助于避免过度类推或者类推失当带来的语言偏误。

在初级阶段的语音学习中，教师如果能够"先入为主"，帮助学习者意识到汉语某个发音只是和母语相似、相近而非雷同，学习者就会有意识地注意该音的发音，并逐步趋向准确。如果学习者直接套用母语或者之前学习的某种语言中的相近发音，就可能带来混淆。在中、高级阶段的近义词辨析中，如果教师能够帮助学习者从词性、用法、出现语境、语气等多个方面对一组近义词进行辨析，学习者就能较为准确地掌握此组词语的用法。

3. **教师提供给学习者的类推原型稳定性不足**

汉语学习中类推原型的稳定性主要指学习者对于类推原型掌握的熟练程度。越熟练，稳定性越高，越容易运用于交际，越容易建立与新知识之间的联系，成为理解新知识点的知识储备。

心理研究表明，由记忆所建立的暂时神经联系的痕迹由于受到其他刺激的干扰而产生抑制，就产生了遗忘。而学习的开始阶段和最后阶段所收集到的信息较中间阶段更容易保留和记忆，即所谓的"首位效应"和"新近效应"。实验同时证明，两种学习活动的内容或材料完全相同或完全不同时，不会引起抑制，只有当两者既有相同又有不同时才会产生因内容类似而引起的抑制。特别是相同与不同各占一半时，引起的抑制最大。第二语言习得正好符合抑制产生的条件。因此，避免学习过程中的抑制，避免遗忘，就是要通过设置合理的时间安排与间隔，通过科学的、反复的巩固和练习增加类推原型的稳定性。

四、学习者因素

第二语言学习在语言习得和学习者思维两个方面的特点使过度类推成为语言学习进程中不可避免的现象。

（一）语言习得的认知特点使过度类推不可避免

语言习得具备这样的过程特点：学习者往往学用结合、听说结合、表达和思考结合，学习者不可能等到掌握了全部汉语语法，再去实践。在语言习得初期，学习者利用一些典型、简单的规则进行类推，是不可避免的学习策略和学习方法。这种类推往往有两种途径：一是母语规则的简单转化；二是目的语规则的超规使用。

石化句型也会带来类推失当和类推过度。学习者在习得了一定数量的第二语言句型之后，中介语的发展有可能停滞下来。一些为学习者所熟练使用的句型就会像化石一样牢牢地固定在学习者的头脑里，不管遇到怎样的表达，他们都不由自主地反复使用这些化石般的句型（Fossilized Structures），使用不当，就会产生过度类推。

（二）语言学习者的思维特点使过度类推不可避免

在语言学习中，学习者使用最多的学习策略是归纳和类推。在学习过程中，学习者如果发现目的语的某个语言项目和母语的某个语言项目存在某一属性上的共同点，目的语的某两个或者更多的语言项目在某一属性上存在共同点，就会将这个共同点扩大，进而判断两者或者多者在其他属性上也具有共同点。此外，在学习了一些语法项目之后,他们还会主动地进行归纳,概括出一些规则。这些规则有些是对的,有些则存在问题;即便是对的规则,在具体运用时,也会出现问题。

以认读形声字为例。在接触到一定量的形声字以后,学习者意识到很多形声字整字的读音跟其中声旁的读音相同,可以利用声旁的读音来读。这样,在遇到生字时,他们就会主动使用自己归纳出的这条规则进行汉字认读,常常出现偏误。

五、教材及参考文献因素

(一) 抽象和不充分解释的误区

1. 过于抽象的解释为过度类推提供了条件

李大忠在总结《"使"字兼语句偏误分析》[①] 一文时指出:"用一些很抽象的概念来界定语法意义,对没有或很少有汉语语感的外国人来说,其指导实践的价值是有限的。不仅如此,它还有可能产生误导,因为它很抽象,所以概括的对象就多,外国人很容易把那些相近而不同但却抽象概括的阶段相符合的不同的语法项目视为同一。按这样的理解去组装句子编织话语就容易出现语法偏误。"

2. 不充分解释为过度类推的发生提供了条件

举例来说,教材指出,"得"用在动词和状态补语之间,但没有说明什么情况必须用"得",什么情况不用。教师为了让学生掌握"得"的用法,在课堂上和练习中进行了强化训练。在教材和教师的双重"强调"下,学生会形成这样的认识误区:只要表示情态,都可以用"得",于是就出现了如下病句。

---

① 李大忠. "使"字兼语句偏误分析 [J]. 世界汉语教学, 1996 (1): 77-80.

我冷得要死。
＊冷得我冷死了。
这家饭馆儿人多极了。
＊这家饭馆儿人多得极了。

（二）对控制性类推的鼓励

控制性类推主要来自两个方面。
①教师在课堂上的讲授及其练习。
②教材所给出的类推性练习。

（三）参考书、工具书不好用

1. 关于释义
①解释界定抽象：因为抽象而形成了较广的概括面，给过度类推的发生留下了可乘之机。
②英文释义的局限性：不同语言之间，除了专有名词和单义的术语之外，基本上不存在简单的对应关系。教材词汇表上的外文释义一般也仅限于汉语词汇的基本义或泛指义，隐含义和引申义却都没有或无法标示出来。

2. 设计和规定不好用
前面以汉语拼音方案为例，阐述过此问题。
①汉语拼音中用 b、d、g 表示不送气的塞音声母，p、t、k 表示送气的塞音声母。而在一般外语中，它们分别表示浊音字母和清音字母。一些学习者常常把汉语的不送气音和母语的浊音等同起来，从而形成错误发音。
②汉语拼音的 i 可以代表 3 个单元音韵母：舌面单元音韵母 i、舌尖单元音韵母 -i（前）和 -i（后），这 3 个韵母因为分布的不同而形成音位的对立，作为以汉语为母语的人来说，自然可以感知三者的对立关系，但对于外国学习者来说，却常常因为不

了解它们之间的对立关系形成错误的发音。

③汉语拼音方案中的省写,时常给学习者的语音学习带来障碍。例如:

uen-un　　iou-iu　　uei-ui

ien-in　　üen-ün　　ieng-ing

第三节　积极面对过度类推

一、过度类推是类推的"副产品",不可避免

类推是人类认识事物的一种重要的学习和认知方式,也是人类认识客观事物的一种有效途径。类推的思维和认知方式符合人们的认知规律和创造表达新思想的愿望。类推过程中的"副产品"——过度类推,也是人们语言学习和外语学习中不可避免的现象。语言习得及第二言语习得的研究者从不同角度探讨了"过度类推"问题,无论将其看作是"语内误差"的主要起因,还是看作"负迁移"现象,它都是第二语言学习者过渡性语言中的一个不可分割的组成部分。了解"过度类推"所产生的语言错误有利于教师和学习者正确地看待这一问题,并有意识地进行修正。

二、过度类推是人们深刻认识语言偏误的途径和方法

过度类推是人们认识语言偏误的一种途径和方式。由过度类推所产生的偏误具有较强的规律性,这些偏误可以帮助我们客观地了解学习者产生这类偏误的起因和过程,更好地认识在不同的语言学习阶段、不同程度的学习者可能发生和存在的一些问题。对过度类推的研究也可以帮助我们调整语言研究的途径和思路:目的语中的许多语言现象可以通过类比找出相应规律;不能因为

过于强调规律而忽视例外。

Tarone（1985）曾指出，第二语言习得有两种主要方式：一种方式是通过自然的交际活动，新的语言形式直接进入中介语，并被"自发地内在化"（Spontaneous Inernalization）；另一种方式是以书面语形式进入中介语，逐渐向口语体发展，最终实现内在化。无论哪种方式都需要防止"过度类推"所造成的语言误差的内在化。因此，有必要对"过度类推"及由其产生的语言错误现象进行必要的分析，并提出相应的建议。①

三、过度类推也可以变为学习者积极学习策略的一部分

任何一种语言都有其语音、构词、结构等方面的规律性，但不能单纯追求规律而忽略它们之间的区别和差异，也不能用简单的概括或类推的方式对所有的语言现象加以创造。因此，掌握目的语，并能够较熟练地运用它，要求学习者花时间进行记忆、分析、比较、实践，特别是真实的语言实践。"过度类推"使我们认识到，了解语言错误的来源，避免这类错误的出现，同时加强正确语言技能的实践是语言学习的必由之路。

俄罗斯著名心理语言学家鲁利亚（Лурия А. Р.）说："通过类推这种机制，我们能够对语言单位的认知更加迅捷。按照我们的理解，类推可以分为类推成功和类推失灵。类推获得成功，我们便可以按正常的理据性（形式和意义等方面的联系）对词语单位进行识记；如果类推失灵，语言使用者则会自觉思考，类推失灵的原因何在，并在此基础上加深对材料的认识，从而可以重新建立类推，直到形成新的正确的类推。如果说，联想是在视觉和听觉接受中掌握和快速记忆词汇单位的一种有效手段的话，那

---

① 罗立胜，张宵宵，王立军. 试论"过度类推"观点与"过度类推"现象[J]. 外语教学，2006，27（2）：48–50.

立足于对外汉语教学的类推研究

么,在类推基础上概括总结的语言材料,在记忆中会更加巩固,更加便于运用。"①

在分析过度类推出现的原因时我们已经知道,类推的出发点是两个或者两类事物的相同点或者相似点。"相似"不是一个精确的概念,对"相似"判断的本身就或多或少地带有了主观性和随意性。类推对象方面和层次的不同,以及类推使用者背景知识、类推目的、概括能力等的不同,使类推难以建立严格的推理规则,结论相对于前提具有较大的自由度。也正是因为自由度高,类推具有了很强的创造性。类推的过程是人类大脑累积信息的碰撞过程、交汇过程、融合过程、复制过程和再生过程,是一个思维创新的过程。类推法的有效使用正是在规则性和创造性之间寻求平衡。

---

① 张金忠. 语言的类推机制与俄语教学 [J]. 黑龙江高教研究, 2008 (3): 161 - 162.

第六章 利用类推法进行对外汉语教学的实践研究

第一节 语音类推教学

语音是语言的物质外壳,在对外汉语教学中,语音教学处于突出的位置。掌握科学的教学方法是语音教学成功的关键。

目前,对外汉语语音教学还存在着3个突出问题:一是语音阶段多集中在汉语学习初期且时间非常集中,而在这个阶段过去后,语音教学则基本不被认为是教学重点,中、高级阶段语音教学的目标不明确,没有好的方法;二是语音教学阶段中语音教学项目的设置和安排缺乏科学性、系统性、针对性,难点、重点不突出;三是语音教学和其他教学配合不够,交际原则的贯彻缺乏或不充分。第二语言学习是一个不断排除母语干扰的过程,也是不断增加和积累对所学语言知识的认识和掌握的过程。这个过程,应该长期贯穿在语言学习实践中。

一、语音类推教学的具体方案

关于语音教学的具体方案,本书在第三章中已从理论和实践的角度详尽介绍了若干类推模型及其使用方法。本章只简单回顾赵金铭的"音系简化方案",并介绍3种声调类推模型的建立和使用。

立足于对外汉语教学的类推研究

（一）基于音系简化方案的类推式拼音教学

赵金铭认为对外汉语音系教学有自己的特点，可以从内容上简化。他从理论和实践两个方面阐明了这种简化的可能性和依据，提出了一个对外国人进行音系教学的简化方案，具体如下。

①塞音、鼻音方阵：b/p　d/t　g/k　m/n/ng。

②塞擦音方阵：z/c/s　zh/ch/sh　j/q/x。

③韵母：主要包括6个单韵母、4个开口呼复韵母、4个开口呼鼻韵母。赵金铭认为，其他韵母都可以靠拼读解决。①

④声调掌握4个基本特征就可以了：高（阴平）、升（阳平）、低（上声）、降（去声）。

（二）基于声调模式的类推式声调教学

"洋腔洋调形成的关键并不在声母和韵母，而在声调和比声调更高的语音层次"。② 学好声调，一靠模仿，二靠记忆。无论模仿还是记忆，学习者都需要一个"模式"，模仿学习是从教授者处获得这种模式，记忆是对这种模式的存储，提取是将这一模式类推到新知汉字词的声调发音上。

1. 声调原型类推法

上声教学是语音教学的难点和重点。通过讲解和训练，学生在单念上声的时候，比较准确。但当上声出现在词、词组、句子中时，因其复杂的音变，学习者便会常常出现错误。刘若云尝试用类推法进行上声教学。上声的类推教学即"用学生已掌握的

---

① 赵金铭，孟子敏. 语音研究与对外汉语教学 [M]. 北京：北京语言大学出版社，1997.

② 林焘. 语音研究和对外汉语教学 [C] //第五届国际汉语教学研讨会论文选. 北京：北京大学出版社，1997.

典型例子类推同类词的发音"。①

刘若云在《对外汉语初级班第三声的类推法教学》①一文中介绍了用类推法进行上声教学的实践活动。

①以"你好"类推第三声加第三声的发音;②以"你听"类推第三声加第一声的发音;③以"你来"类推第三声加第二声的发音;④以"你去"类推第三声加第四声的发音;⑤以"姐姐"类推第三声加原为第三声改读为轻声的发音。其中,"你好""你听""你来""你去""姐姐"是类推依据,即类推原型。刘若云认为,"只要是学生掌握得好的例子都可以作为类推依据。一旦选定一个例子作为某种类型的类推依据以后,一般不要再做更换。即使有的学生开始时连作为类推依据的例子也念不好,但在不断地重复、操练中也可以逐渐成为真正的类推依据"。"反复的练习,可以化复杂的认知问题为直接知觉问题,使学生形成一种发音定势"。①

依据这样的思路,我们可以设计适合学习者特点的声调类推模型。下面的模型就涵盖了汉语普通话双音节绝大部分的声调模式(表6.1)。②

表6.1 不同组合的声调与轻声类推模型

阴平声调类推模型	阳平声调类推模型	上声声调类推模型	去声声调类推模型	轻声类推模型
dōu tīng	hái tīng	yě tīng	zài tīng	tīng de
dōu dú	hái dú	yě dú	zài dú	dú de
dōu xiě	hái xiě	yě xiě	zài xiě	xiě de
dōu kàn	hái kàn	yě kàn	zài kàn	kàn de

① 刘若云.对外汉语初级班第三声的类推法教学[J].逻辑学研究,2006,26(9):117-118.

② 杨惠元.汉语听力说话教学法[M].北京:北京语言大学出版社,2002.

2. 声调情感类推模式教学法

学习者在汉语普通话声调方面的主要问题是：阴平不够高；阳平升不到位；上声不够短、不够低；去声下降不够。解决这些问题，喻江认为，可以"将声调与某个特定的情绪联系在一起，使之带上人性色彩"，① 帮助学习者快速领悟。喻江在《声调教学新教案》中提出了声调情感教学，建议用各民族共通的情感来带动声调所包含的情绪，改善声调教学面临的问题。具体模式如表 6.2 所示。①

表 6.2　不同声调的特征及情感内涵

声调	特征	情感内涵
阴平	高、平	像妈妈从远处发出的温柔的呼唤
阳平	调子往上提	像没听懂对方说话时产生疑问
上声	低降	像表示答应或同意时的语气词，可以伴随点头的动作，帮助学生把调子降下来
去声	往下降落	像生气时的感情

喻江认为，"声调是汉语特有的，但感情不是"，采用上述 4 种学习者熟悉的场景帮助学习者掌握声调的态势是可行的。

3. 连调类推模式的训练②

经过一段时间的集中练习，大部分汉语学习者能够比较准确地念出单音节的 4 个声调。可是当他们念 2 个音节以上的词语时，声调的可信度和自然度大为降低。及至句子，洋腔洋调更为严重。其中一个重要的原因可能是教师忽略了连调模式的训练。

学生按照阴平（1）—阳平（2）—上声（3）—去声（4）（以

---

① 喻江. 声调教学新教案 [J]. 语言教学与研究, 2007 (1): 77-81.
② 杨惠元. 汉语听力说话教学法 [M]. 北京: 北京语言大学出版社, 2002.

下简写1234）的顺序进行声调练习时，大多熟练准确，但如果顺序变成4321或者1324，就没有1234时那样自如流畅了。这种现象说明学习者对连续声调是按照一定的模式来记忆的。杨惠元在《汉语听力说话教学法》一书中提出进行连调教学以提高学生声调发音的质量。该书将连调模型分为5类，并对训练的时间和顺序予以了说明。

A类

阴——阴：参观　出发　发烧　飞机
阴——去：安静　帮助　车站　出现
去——去：变化　大概　但是　电话
去——阴：半天　必须　大家　电灯

B1类

阴——上：操场　发展　方法　钢笔
上——阴：广播　好吃　火车　简单
去——阳：大学　复杂　进行　课文
阳——去：城市　迟到　磁带　服务

B2类

阴——阳：安排　当然　非常　刚才
阳——阴：房间　离开　明天　年轻
去——上：办法　代表　道理　电影
上——去：比较　表示　打算　反对

B3类

阳——阳：从前　回答　集合　篮球
上——阳：检查　解决　可能　旅行
阳——上：词典　结果　没有　门口
上——上：表演　辅导　可以　口语

C类：

阴——轻：窗户　东西　多么　夫人　姑娘　关系　接着

立足于对外汉语教学的类推研究

清楚　师傅

　　阳——轻：别人　觉得　咳嗽　凉快　麻烦　名字　朋友
便宜　人们

　　上——轻：点心　你们　暖和　晚上　眼睛　已经　有的
怎么　椅子

　　去——轻：爱人　爸爸　部分　大夫　告诉　故事　客气
困难　那么

　　杨惠元认为：

　　①连调教学开始的时间，必须在拼音阶段结束以后，学生要有一定的词汇量和表达方式的储备。大概在零起点班入学后1～2个月为好。太早，还没有掌握单字调，连调只会让他们越来越乱。太晚，没有建立正确的模式，学生就会自己建立错误的模式，一旦错误模式建立起来，就很难纠正。

　　②学习二字调应该由易到难，由典型到复杂。首先学习A类，消除学生的畏惧心理，逐步建立二字调的观念。接着是B1类，在高低升降成对的比较中，启发学生把握连读中各字调的实际音调。B1类的教学非常重要，是二字调教学能否成功的关键。然后是B2和C类。通过前几类的学习，最后，B3类就不那么困难了。

　　③无论二字调是困难还是容易，都要反复练习。目的是让学生记住模式、形成模式。

　　④二字调教学应该结合词语教学和语句朗读教学进行。教授一个二字调的时候，要整理一批学生学过的属于此调的词语供学生操练。让他们熟悉模式，再适当给出少量新词语让学生学会运用此模式。然后还有必要把词语放到句子中去练习。语句中的其他音节声调是否正确可以暂时不做要求，但所学的词语必须正确。

　　学生在不同的句子中说某一个词，错法都有一致性。这说明学生实际上也在建立模式。连调教学就是要在他们建立错误模式之前，帮助他们建立正确的模式。高级阶段的学生可以通过声调调型排列不同的四字词进行练习。如去声—上声—阳平—阴平。这个排列方式从调值上看，是 51—21—35—55，首尾递接，不同调类之间的过渡自然流畅，比较适合留学生把握。

例如：

大好河山	一马平川	跃马扬鞭	顺理成章	厚古薄今
兔死狐悲	墨守成规	痛改前非	调虎离山	异曲同工
大雨瓢泼	细雨和风	万里晴空	妙手回春	破釜沉舟
四海为家	碧草如茵	热火朝天	智勇无双	耀武扬威
寿比南山	袖里乾坤	大有文章	暮鼓晨钟	过眼云烟
聚少成多	木已成舟	信以为真	驷马难追	盛产鱼虾
万里长征	倒影回声	戏曲研究	废品回收	趁此良机
聚首谈心	救死扶伤	确保平安	重点研究	万古长青
治理河山	刻骨铭心			

二、语音类推教学应该注意的几个问题

（一）阶段性

在对外汉语教学中，阶段性教学最突出的就是语音教学，一般集中在最初的几个月完成。这里提出的语音教学的阶段性包括两个方面内容。

1. 根据不同的学习阶段确定不同的语音学习目标，围绕这一目标设计有针对性的教学方法

初级阶段的语音教学要突出两个重点：一是声母、韵母的正确发音及声母韵母的协同发音；二是帮助学习者建立若干稳定的、标准的声调类推模型。语言学习初级阶段形成的语音形象，会给学习者先入为主的深刻印象，因此，把握这个阶段的特质，

努力帮助学习者建立良好的声音形象和记忆是非常重要的。赵元任有过很深刻的分析："最初对于音的本身的学习，是一个很费劲、很难的、对于以后学习影响非常大的一个工作。""这种工作啊，只要开始两三个礼拜就应该把所有的困难都给战胜。因为两三个礼拜要是不给它弄清楚啦，以后你再学到文法、再增加词汇的时候啊，你就把这些错的音就老用了，所以不能不在最初的时候把这个习惯弄好。"①

2. 教师采用的教学手段，尤其是类推式的语音学习手段要特别注意阶段性

以 i 带 ü、以 sh 带 r、以 o 带 e 的方法，只能用在学习者学习初期、无法正确发出或者感知这些难音的时候，一旦学习者找到了发音的正确位置，教师就应该停止引导学习者继续使用这样的方法，以避免学生的语音中存留因为"找音"而带来的语音偏误。

（二）宜粗不宜精

语音教学位处对外汉语教学的初始阶段，这个阶段对学习者树立信心是至关重要的。要让学习者对学习汉语有信心，就要让他们感觉到汉语语音简单易学，在学习中能够不断收获成就感。因此，语音教学就要把握"宜粗不宜精"的原则。前文已经介绍了赵金铭的音系简化方案，这样的方案对于学习者树立学习信心是非常有益的、对于发挥成年学习者的自主类推能力也大有裨益。赵元任早在《语言问题》一书中就对语音教学阶段的"粗"的教学方法有其独到的见解，他说："我在教外国人学中国语言的时候啊，我总说，中国语言的音一共 a few dozen，当中一半儿英文里头已经有了，所以啊，你们只需在 one half of a few dozen

---

① 赵元任. 语言问题 [M]. 北京：商务印书馆，1980.

上特别注意就行了。"[1]

第二节 汉字类推教学[2]

汉字已有 6000 年的历史。汉字是记录汉语的符号，属表意文字系统。对熟悉拼音文字系统的欧美学生来说，汉字的识读和书写是两大难题。赵金铭曾在 1989 年提出了《外国人基础汉语用字表》，主张教授常用汉字 1000 个。"按照'汉字效用递减率'，最高频 1000 字的覆盖率是 90%，以后每增加 1400 字提高覆盖率 1/10，因此，周有光主张'与其多学而不能用，不如少学而能用'。"[3]

目前，用得较多的汉字教学法是分解法，主要有：先独体后合体、汉字部件教学、汉字偏旁部首教学。另一种观点主张不将汉字打散，也值得关注。吕叔湘先生说："有心理学家做过实验，无论汉字或拼音文字，认识的时候都是整个形体去认识，认识汉字的时候并不逐一辨认它的笔画。"[4] 柯传仁（1996）提出汉字正字法意识 3 个阶段说的第一阶段为"成分前加工阶段"，在这个阶段学习者的汉字习得基本上是整字习得，他们不能把汉字分解为其组成部分，只能采取机械记忆的方式学习汉字。江新（2005）提出针对西方学习者的汉字教学原则：认写分流，多认少写。其理论依据是，汉字认读和汉字书写是两种不同的信息提取过程，属于两种不同类型的记忆任务。写字属于回忆，认字属

---

[1] 赵元任. 语言问题 [M]. 北京：商务印书馆，1980.
[2] 杜丽荣. "系联法"对外汉字教学研究 [J]. 西南民族大学学报：人文社科版，2004，25（7）：418 – 422.
[3] 赵金铭. 汉语作为第二语言教学：理念与模式 [J]. 世界汉语教学，2008（1）：93 – 107.
[4] 吕叔湘. 吕叔湘语文论集 [M]. 北京：商务印书馆，1983：77 – 78.

于再认，而一般来说，信息的再认比信息的回忆容易些。李珠、姜丽萍（2008）提出了针对非汉字文化圈学习者的汉字教学模式：初期，认写分流，多认少写；中期，认写分流，多认多写；后期，认写合流，认写同步。赵金铭认为汉字教学是汉语作为第二语言教学不同于汉语作为母语教学或其他拼音文字语言教学的最大区别之一，在汉语学习的初始阶段，汉字要整体认读，整字识记，不宜做过细分析，当学习者识记了一定数量的汉字以后，再分析部件构成，偏旁部首，以类相从，扩大识字量。[1]

前文已经探讨了汉字内在的类推性质，从汉字自身的角度说明了类推式汉字学习方式的可行。冯丽萍认为："目前我们的汉字教学，主要定位于基础阶段的拼音文字母语者，对这些学生而言，有一个从单向线性排列到二维平面结构、从形音联系到形音义三结合、从表音文字到语素文字的转变过程。因此汉字教学的一个很重要的任务就是要帮助学生形成正确的汉字观念，初步了解汉字的性质、特点与规律，因为正是这种汉字意识作为一种预存的知识自上而下地影响汉字识别的心理过程。"[2] 在实践中，利用类推法进行汉字教学具有如下优点：避免了学习者因孤立识记带来的耗费时间、增加压力的负面作用；遵循汉字的系统性进行类推学习，举一反三，触类旁通，事半功倍；可利用汉字的表意性分析字形携带的信息，排除阅读障碍；汉字中形声字占大多数，形声字具有极强的可分析性，学习者既知道外在规律，又了解内在规律，可以提升学习效率，学习过程也避免了枯燥无味。

---

[1] 赵金铭. 附丽于特定语言的语言教学法 [J]. 世界汉语教学, 2014 (4): 554-565.

[2] 冯丽萍. 汉字认知规律研究综述 [J]. 世界汉语教学, 1998 (3): 97-103.

第六章 利用类推法进行对外汉语教学的实践研究

一、汉字类推教学的具体方案

通过字形类推教学、字音类推教学、意义类推教学、综合类推教学及各体系内的二级类推,不仅可以拓展学习者的汉字掌握量,还可以培养学习者的汉字认知能力和汉字字感。

(一) 汉字字形类推教学方案

汉字的形、音、义是以偏旁为中心建立的。"偏旁是汉字形音义系统形成的主要因素,偏旁是汉字体系最重要的结构单位,偏旁之间的结构关系是汉字体系最重要的结构关系。"①

1. 由笔画类推

白—百—自—皂

大—太—木—本

本—末—不—丕

士—土—王—主—玉

刀—力—刃—办—万

2. 由部位相同类推

这—近—进

月—用

考—老

其—基

找—我—试

3. 由部件类推

西—女→要　　女—子→好　　今—心→念

日—月→明　　日—免→晚　　马—主→驻

---

① 李大遂. 汉字的系统性与汉字认知 [J]. 暨南大学华文学院学报, 2006 (1): 18.

立足于对外汉语教学的类推研究

日—寸→时　　合—手→拿　　人—人→从
木—目—心→想　马—大—可→骑　人—亻—两→俩
木—米—女→楼　人—亻—本→体

4. 由形符类推

言/讠：语、说、话、讲、请、让

口：舌、告、吃、问、叫、吹、咬、喊

特殊字"听"：需要特殊讲解，避免学生对形旁表义功能作泛化理解。

手/扌：指、抓、拉、持、握

日：旦、早、星、晴、暖

将同形符的汉字联系到一起，引导学生掌握偏旁部首。有这样一些优点：①可以提高汉字识记的效率；②可与词汇教学有效结合；③帮助学生更为深入地理解汉字的文化内涵；④帮助学生区别形近字；⑤推测生字生词的词义范围。

以字形为纲进行汉字认知活动，在实践上也收到了比较理想的效果。汪琦在《中级欧美留学生汉字学习的实验研究》一文中说："汉字课所教授的偏旁系统归类法，对欧美留学生的汉字学习起到了很大的作用。采用这种方法的学生能够在短时间内大幅度提高识字水平，识字效果较之未采用该方法的学生有明显的进步，而且随着学生使用偏旁等方法熟练程度的加强，汉字学习效率会不断提高。汉字课的作用主要体现在让学生系统学习汉字上，这是符合成年人的认知规律的。偏旁系统归类法把学生学到的零散汉字一个一个串联起来系统地加以分析，使学生对汉字系统的理解得到了理论上的提高。我们认为汉字课不仅教字的识别，更教识字的方法，这可以使学生逐渐提高对高等级汉字的认知能力，增强分析和猜测能力，进而从整体上提高了汉字识字水平。系统学习汉字的作用还体现在加深了学生对汉字的感觉，这种字感无疑对他们今后的学习是大有帮助的。"[①]

(二) 汉字字音类推教学方案

汉字字音类推学习就是利用汉字字音的系统性把分属不同部首中的同声符字联系起来,帮助学生运用类推的方法,理解性地认识、利用、学习汉字。

1. 语内类推

语内类推主要解决汉字内部的认知、学习问题。可以从以下一些线索出发,进行类推学习和掌握。

将声母、韵母、声调分为3种情况(表6.3):相同、相异、相近。

表6.3 汉字字音的语内类推模式

类推模式	声母	韵母	声调	汉字示例
类推模式一	相同	相同	相同	换、患、奂、涣、幻
类推模式二	相同	相同	相异	左、昨、作、坐、座 青、请、晴、清
类推模式三	相近	相同	相异	跟、狠、恨、开、该
类推模式四	相同	相近	相异	走、足、总

2. 语间类推

语间类推主要利用汉语和学习者母语之间的关系,通过对比学习,避免学习者母语带来的负面影响,从而发挥类推的正面积极作用。

在长期的发展变化中,汉语语音中一些声符已经不再能完全记录字音。但利用汉字字音的内在系统性从汉字字音入手,进行

---

① 汪琦. 中级欧美留学生汉字学习的实验研究 [D]. 北京:北京大学,2003.

立足于对外汉语教学的类推研究

汉字的类推教学仍具备许多好处：①可以缩小学习者记音的范围；②有利于帮助学习者使用以读音为序的工具书；③可以减轻记字压力，强化学习汉字的信心；④利于帮助学生自查、自纠读音偏误。

利用声符之间的联系帮助学生了解汉字声母的历史音变，引导学生认识汉语语音的历史演变，对于纠正学生，尤其是汉字文化圈国家的学生非常有益。日本和韩国也使用汉字，但日文、韩文中很多中国古代汉字的音译，并没有体现现代汉语的变化。比如，现代汉语的双唇音已经分化为唇齿音和双唇音，但韩语却没有这种变化，所以韩国学生常常把"父亲"读成"bùqin"，把"功夫"读成"gōngbu"。通过对汉字字音系统性的学习，韩国学习者可以从宏观上了解汉语和韩语在语音上的某些对应关系，可以避免或减少母语中汉字音对他们的影响，从而较为有效地纠正语音偏误。试举几例，予以说明。

①韩国学生在双唇音［p］和唇齿音［f］的分辨上有困难：可以将声母分别为 p、f，而韵母相同的字联系起来发音。例如：

旁、房

饭、盼

繁、搬

②韩国学生在韵母分辨上存在一定的模糊性：可以把声母相同，韵母分别为 ui、ei、in、en 的字联系起来发音。例如：

灰、黑

对、得

民、们

③日本学生的前鼻韵尾和后鼻韵尾的发音辨别有困难：可以把声母相近，韵母分别为前鼻韵尾和后鼻韵尾的字联系起来练习与辨别。例如：

津、京

艮、更
黄、广、逛
万、望

（三）汉字意义类推教学方案

1. 顺序延展式

车—汽车—火车—自行车—摩托车—三轮车—出租车

子—儿子—孩子—子女

2. 多向扩展式

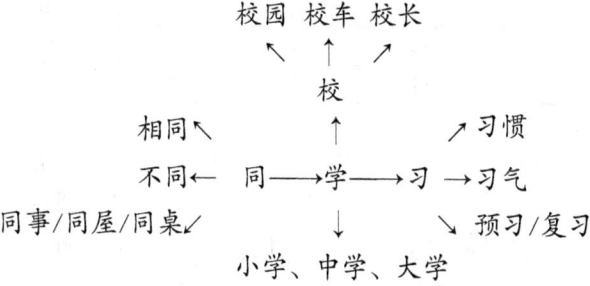

3. 重叠式

年—年年，等—等等，人—人人，天—天天，试—试试

4. 同构式

难看—难听—难忘—难写—难学—难吃

贵姓—贵国—贵校—贵公司—贵客—贵州

5. 扩展式

将汉字教学和词汇教学相结合。

山—水—山水—山水画

外国—外国人

休息—休息室

语言—语言所—语言学—语言学家

孩—孩子—孩子王—男孩子—女孩子

(四) 汉字综合类推教学方案

所谓"综合类推"就是对汉字内在的类推性质多层次、多角度运用的教学方法。表 6.4 展示的就是从形符和声符两个角度纵横交错进行汉字综合类推学习的模型。

表 6.4 汉字综合类推学习模型①

	氵	木	钅	亻	虫
主	注	柱	铥	住	蛀
令	泠	柃	铃	伶	蛉
旁	滂	榜	镑	傍	螃
娄	溇	楼	镂	偻	蝼
交	浇	校	铰	佼	蛟

学习者类推能力和记忆能力的双重作用体现为汉字识记水平和能力的进步。综合类推能消除学生的畏难情绪,认为汉字是一个充满理据、有章可循的文字系统,具有理据性和系统性。但教授者需要注意防止学习者对类推法的过分依赖。

二、汉字类推教学应该注意的几个问题

(一) 使用灵活,避免机械

汉语的形符系统非常复杂,历经千年,许多形符已经和演变后的词义关联很少或者没有关联了。"据研究,7000 个通用汉字中仅仅声调相同而声韵不同的字为 408 个,占 5.38%;声韵调全不同的字为 708 个,占 10.11%。因此,常用汉字中起码有 16% 左右的字与其声符的读音相去甚远。其中,部分声符在了解

---

① 杜丽荣."系联法"对外汉字教学研究 [J]. 西南民族大学学报:人文社科版,2004,25 (7):418 – 422.

汉语语音的历史变化后仍有一定的提示字音的作用外，有些则完全起不到提示字音的作用了。"① 如"勺"，以"勺"为声符的字有：

芍、豹、约（yuē/yāo）、钓、的（de/dī）。

这类汉字应该排除在类推学习之外。教师不能用随意的猜测误导学生，只有不断强化文字学功底，才能进行有效准确的类推汉字教学。

（二）注意汉字类推学习的阶段性

柯传仁通过考察第二语言习得者习得汉字的过程，提出了"汉字正字法意识三阶段说"②。

第1阶段：成分前加工阶段。在这个阶段中，学习者对汉字的习得基本上是"整字习得"，尚不能将汉字分解为部件，更多地采用机械记忆的方法。在此阶段，学习者具备较强的音符意识，笔画意识已经呈现。

第2阶段：成分加工阶段。学习者具备了部件意识，能把部件知识运用到汉字学习中，能准确地猜测规则形声字的音符和义符。

第3阶段：成分自动加工阶段。这一阶段的学习者能正确地认识和书写字符重现率高的汉字，能正确地识别生字是否符合汉字的组合。在这个阶段中，学习者汉字认知与书写的错误主要是与字音相关的错误，即错别字。

---

① 杜丽荣．"系联法"对外汉字教学研究［J］．西南民族大学学报：人文社科版，2004，25（7）：418－422．

② 赵金铭．汉语作为第二语言教学：理念与模式［J］．世界汉语教学，2008（1）：93－107．

根据上述研究成果,可以将汉字学习分为如下几个阶段①。

1. 第 1 阶段

本阶段以象形独体字为类推原型,进行类推扩展学习。

象形字在汉字总量中占的比重并不大,但它们是构成汉字的基础,很多会意字和形声字是由象形字组成的。学习象形字,就是学习汉字的基本构件。具体步骤如下。

①学习 30 个左右构字能力强的象形独体字,如"人、木、日、月、小、水、目、女、子"等。详尽讲解每个字的意义和特点。讲解时可以讲解该象形字的演变过程,引起学习者的兴趣,加深记忆。

②学习第 1 阶段中掌握的象形独体字构成的会意字和形声字。会意字是由两个或者几个偏旁合成一个字,这些偏旁的意义合成了新字的意义。例如:

休:从人在木(指树)下,表示休息。

明:从日从月,明亮。

林:双"木"成"林"。

森:从三木,表示"森林"。

形声字是由表示字义类属的偏旁和表示字音类属的偏旁构成的新字。例如:

洋:从水羊声。

物:从牛勿声。本意是杂色牛。

对于学习者而言,在初级阶段,对汉字进行整体认读更为现实,操作性也更强。这种整体认读还可以扩展到词语。学生的整体认读能力和熟悉程度成正比,而整体认读能力的强化和提高需要教师在词语的使用、练习、复习频率上做出科学的安排和计

---

① 高惠宁. 对外汉语传授的联想法与汉字构意关系探讨 [J]. 山东理工大学学报:社会科学版,2006,22(5):78-80.

划。1998年，Everson通过实验考察了美国以汉语为外语的初学者在汉语阅读中语音认知与字义辨识的关系。实验结果证明，被试读音正确的汉字，对相同汉字字义辨别的正确率可达90%；汉字字义辨别正确的，其相同汉字读音正确率可达91%。这个结果表明，学习者是通过语音通达语义的。语音的认知有助于汉字字义的认知。Everson由此推论，对于母语是表音系统文字的学习者来说，应该在学习者掌握了一定的口语技能和词汇量以后再进行汉字教学。

2. 第2阶段

①以象形独体字为核心，通过多种方式的类推建立汉字联想体系。以形旁"木"为例，如表6.5所示。

表6.5 以"木"为形旁的汉字联想体系

	木旁变化/位置	汉字示例
木	加一笔	本、未、末、术
	在左	极、杯、树、杨、校、桃、相、橘、松、桥、杨、橙、柜、枝、椅、板、杉、枕
	在右	林、休
	在上	杏、李、杰、查
	在下	梨、桌、朵、采、集
	在中间	束、果、枣、朱
	在左下角	栽
	在半包围	床

在此基础上还可以继续联想：

木—相—想、箱、湘、厢

木—本—笨、苯

木—林—彬、琳、淋、森

木—采—菜、彩、踩、睬

②汉字入词,进行语义场式的学习。

木—本　未　末　术

　　笔记本　未来　期末　武术

木旁在左:

极　　杯　　树　　杨　　校　　桃　　相　　橘　　松
高兴极了　杯子　一棵树　杨树　学校　桃子　互相　橘子　松树

③进行总结、便于记忆。汉字中和"木"有关系的合体字,意义大概有3类。

a. 字义相同:木、树。

b. 和"木"有关的东西:杨、桃、桥、柜、枝。

c. 和"木"有关的动作:采、集、束、栽。

3. 第3阶段

本阶段利用声旁的表义性,进行表义类推。

汉字中很多形声字的声旁表音也表义,例如:

亡:忘、妄　　　　　(语义:没有)

及:级、极、汲　　　(语义:达到)

交:较、绞、郊、饺、跤　(语义:相交)

赵金铭认为,汉字读音和意义的类推更适用于中高级阶段的汉语学习者。[①] 这是因为:他们已具备一定的汉语部件知识,能够根据汉语部件内含的表音功能推测出一个陌生汉字的大致读音;也能够根据部件所内含的表义功能推测出陌生汉字的大致含义。在这个阶段,类推才能发挥出比较好的作用。

(三) 分科原则

赵元任说:"讲到文字的难易,你得分学跟认跟用,这个不

[①] 赵金铭. 汉语作为第二语言教学:理念与模式 [J]. 世界汉语教学,2008(1):93-107.

完全一样。比如说笔画多的字,写起来是麻烦,可是认起来未必难认,有时候笔画多的字,因为富有个性,反而容易认。认是一回事,写又是一回事。"①

1. 认读为主的课程

以认读为主的课程,可以运用"部件教学法",重点强化学习者对汉字特点和规律的认识。利用形旁表义和声旁表音的功能,鼓励学生利用形旁猜意思,利用声旁猜发音。尽量避免汉字的结构理论及专业术语的出现。

2. 书写为主的课程

如汉字、语法、写作课等,要注重量和质两个方面的要求,精学精练。

第三节 词汇类推教学

从教学内容上说,现在一般认为对外汉语教学包括 5 个方面:语音教学、文字教学、词汇教学、语法教学和文化教学。语音教学和文字教学,属于基础教学,语音教学解决学习者听、说的问题,文字教学解决学习者读、写的问题。陆俭明认为:"词汇教学,应属于重点教学内容,特别是在初级阶段;一个外国学生要学好汉语,重要的是要掌握大量的词汇,要有足够的词汇量,因此词汇教学应该是个重点,可惜现在大家对它的重视程度很不够。"② 刘珣认为:"词汇能力的培养绝不只是记忆生词的问题,应包括掌握词汇的语义,句法功能和搭配关系,还要掌握词汇的文化内涵和词汇在不同情境和功能中附加色彩的变化从而具

---

① 赵元任. 语言问题 [M]. 北京:商务印书馆,1980.
② 陆俭明. "对外汉语教学"中的语法教学 [J]. 语言教学与研究,2000 (3):1-8.

有在不同情境和功能中对词汇的限制和选择的能力，区别词汇之间语义差别的能力，猜测新词语的能力，掌握词语的聚合，组合规则的能力，特别是在语言交际中理解别人和表达自己的词汇能力。"①

形音义综合类推的方法对于学习者掌握词汇的生成、表层意义、深层意义很有好处，不仅易于他们加强对新词的理解和识记，更重要的是这样的类推扩展模式可以帮助学习者增加大脑里的知识信息所形成的网络结节，丰富头脑中的图式，帮助他们由一个点出发，进行有意识地延伸，使有限的词汇通过这样的点扩展成一个庞大的词汇系统。

一、词汇类推教学的具体方案

（一）词义类推教学方案

1. 词义类推教学方案

词义类推教学的具体方法可以参照本章汉字类推教学的具体方法进行。

2. 词义理解类推教学方案

（1）同义词互释法

例：根据同义词互释，判断画线词语的意思。

她很<u>害羞</u>，一见到陌生人就不好意思说话。

他一次能喝一斤茅台酒，真是<u>海量</u>。

我这部照相机是<u>无价之宝</u>，给我多少钱都不会卖的。

他的生活很<u>颓废</u>，整天除了喝酒就是睡觉，什么也不干。

他是个<u>穷凶极恶</u>的罪犯，杀人放火，什么坏事都干。

---

① 刘珣. 对外汉语教育学引论［M］. 北京：北京语言大学出版社，2007：360 - 362.

第六章 利用类推法进行对外汉语教学的实践研究

(2) 反义词互释法

例：对比画线的词语来理解它们的意思。

她对人很<u>冷淡</u>，没点儿<u>热情</u>。

我不喜欢过<u>奢侈</u>的生活，我认为<u>俭朴</u>的生活是最好的。

她每天都去学校，从来不<u>旷课</u>。

他刚来的时候瘦得<u>皮包骨</u>，现在却胖得不得了。

<u>刻意</u>做的东西有时还不如<u>随意</u>做的好。

(3) 类比结构互释法

例：解释句子的意思。

这个东西呈圆锥形，形状就像一座富士山。

他做事慢得像蜗牛一样。

她慈祥得跟母亲似的。

荷花即莲花。

麦克风和话筒是一回事。

(4) 上下文推测法

a. 通过句法关系搭配类推

汉语的基本词序是主—谓—宾，彼此之间的搭配也并不随意，有内在的限定和联系。如"他刚刚吃了两块<u>驴打滚</u>"。根据句子的内在限定，我们可以推测出"驴打滚"是一种吃的东西。

例：根据句法搭配关系推测画线词语的意思。

大夫让她打<u>阿奇霉素</u>。

龙龙在喝<u>可口可乐</u>。

朋友请我抽"<u>玉溪</u>"。

<u>文文</u>在做作业。

他在厨房烧鸡翅，我在客厅都闻到了香味。

b. 通过前后意义类推

人们在使用语言的时候，句子和句子之间往往并不是孤立的，总有着各种各样的联系。有时，前面的句子叙述，后面的句

立足于对外汉语教学的类推研究

子总结；有时，前面的句子总结，后面的句子进行具体的解释说明。找出句子之间的内在联系，就可以帮助我们很好地推测意义。例如：

那部电影没劲透了，我看了几分钟就出来了。

由后面的句子，我们很容易就能感觉到"没劲透了"是对电影的否定描述。

例：根据前后句子的意思推测画线词语的意思。

小德想读中文系，又想读法律系，很<u>犹豫</u>。

张云不跟人打招呼，不帮助别人，昨天她的同屋发高烧，她像没看见一样，对人非常<u>冷淡</u>。

邻居家那个3岁的小孩身体真<u>差劲</u>，上个月才住了一次医院，最近又住院了。

马医生医术<u>精湛</u>，找他看病的人特别多，有的病人天没亮就到医院排队挂号。

c. 通过句子的对立意义推测

我们应该平等地对待残疾人，不应该<u>歧视</u>他们。

两句对比，能够较为容易地判断出"歧视"是和"平等"相对的态度。

例：根据句子前后的对立意义推测画线词语的意思。

这件事儿你要认真想清楚，不要这么<u>草率</u>。

林红对人很热情，不像她妹妹那么<u>冷淡</u>。

我以为他会接受，没想到他<u>拒绝</u>了。

刘敏很喜欢吃榴梿，我却很<u>讨厌</u>，觉得特别臭。

3. 词义讲解类推教学方案

词义的讲解应该遵循以下原则。

（1）从概念义到情景义

快餐——文化快餐

投资——感情投资

(2) 从本义到派生义

充电

封顶

撂挑子

(3) 从描述义到感情义

描述义是对语义的客观描写和说明。感情义是语言所反映出的人们的心理特征和感情。在汉语语言学习中,一些词语的描述义和学习者的母语相同,感情义却存在较大的差异,很容易造成类推失当和错误类推。为了避免此类类推错误,教师应该把处于词语深层面的、映射人们爱憎等情感的内容揭示出来,以帮助学习者了解和熟悉。这些词语主要包括颜色词、动物词等。

(4) 从自主义到非自主义

在汉语动词中,表示行为动作受动作者自主控制的词具有自主义,例如,吃、喝、跑、跳、看、学习、睡觉、表扬、批评等。表示行为动作不受动作者自主控制的词不具有自主义,例如,醒、毕业、看见、遇到等。

大多数含有非自主义的动词不能出现在"在+动词+呢"句式中;没有开始继续体;提问时,只能说"动词+没+动词",不能说"动词+不+动词"。对自主义和非自主义动词的掌握,有助于避免学生下面的动词错误类推。

他在睡觉呢。	*他在醒呢。
孩子跳起来。	*孩子吓起来。
这样做,老师表扬不表扬?	*你遇到不遇到老师?
别看了。	*别看见了。

在进行中级汉语口语教学的实践中,笔者曾依据上述原则,设计了一组动词的类推教学方案(图6.1),在教学中取得了较好的效果,以下简要说明。

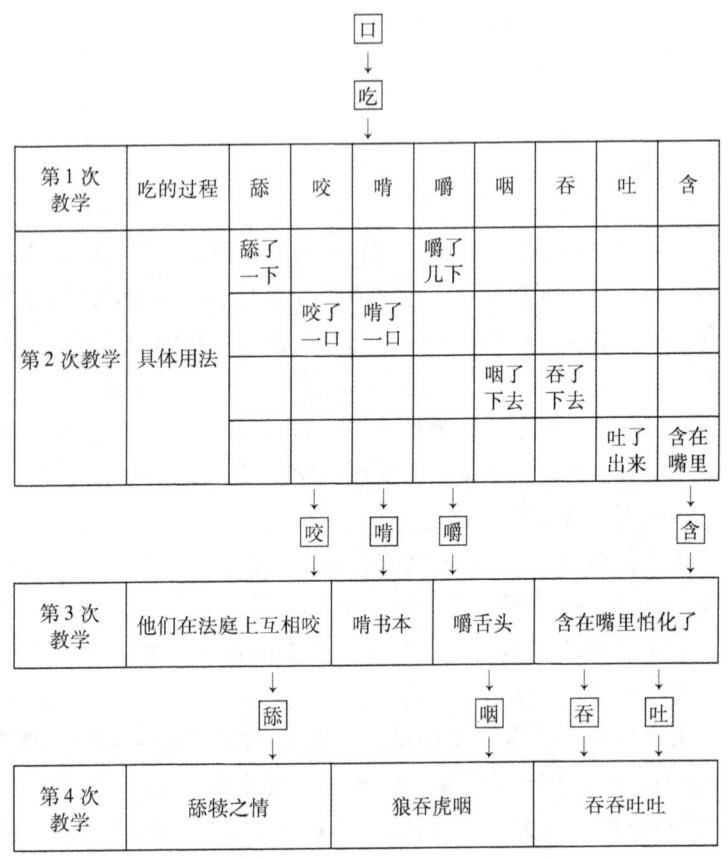

图6.1 教学项目：和"吃"有关的动词

（二）词性类推教学方案

以下以量词为例，看如何利用量词的内在理据性进行量词的类推学习。

丰富的量词是汉语的显著特征之一。根据陈保存等（1988）、何杰（2001）、郭先珍等（2002）的统计，汉语量词共600多个。除了少量的度量衡类专用量词外，大多数量词都具有示形功能，表示事物的形象。如"张、片、面"表示平面形象；

"条、根、支、丝"表示细长柱状形象;"块、坨"表示立体形状等。① 缑瑞隆把这类量词称为"示形量词"。认知心理学的研究表明,词义的引申、词的用法的发展所要遵循的原则是家族相似性。

以下以"张"的教学为例谈量词的类推法教学。内容整理源自《认知分析与对外汉语示形量词教学——对外汉语量词教学个案研究系列之一》①一文。

"张"的本义是"施弓也"(《说文》),意思是将弓弦绷在弓背上,后引申为"开弓",两个义项都是动词义。

人们观察射箭时,最佳角度是从射手的侧面观察。从这个角度看,弓的形状随着射手拉弓放箭动作的进行而不断变化:由弓背和弓弦组成的"面"时而变大,时而变小。这个不断变化的"面"因其动态特征而具有视觉显著性,从而在意象中得以凸显,使"张"由动词义发展出量词义来,成为称量"弓"的量词,例如:

一张弓

以上文说到的"面"为基础,量词"张"又发展出称量具有可张开和可缩小的平面物体的用法,例如:

一张小嘴　　一张渔网

进一步发展出称量可以卷起或者展开或者可变化的平面状物体的用法,例如:

一张地图　　一张笑脸　　一张年画
一张羊皮　　一张凉席　　一张烙饼

最后发展出称量不可变化的平面物或具有此类平面物的物体

---

① 缑瑞隆. 认知分析与对外汉语示形量词教学——对外汉语量词教学个案研究系列之一 [J]. 云南师范大学学报:对外汉语教学与研究版,2006,4(3):14-18.

立足于对外汉语教学的类推研究

的用法，例如：

一张床　一张椅子　一张案板

一张古琴　一张桌子　一张粉皮

学生了解了这一量词的演变发展后，在使用和判断中，就会从量词发展和使用的例句出发，进行理智的判断。

很多固定结构也可以运用词性类推法进行替换练习。如可利用"多么+形容词啊！"这一感叹句型进行类推练习，使用下列形容词。

有意思、漂亮、蓝、肥、瘦、忙、快、方便、便宜、合适

胖、深、浅、长、短、贵、可爱、好看、冷、热、高、大

在此类练习中，教师需要注意的是该结构的限定性，即使用范围，应该努力找出过度类推可能发生的范围，给出使用的限定条件。

（三）构词类推教学方案

1. 词缀、类词缀类推教学法

汉语是否存在词缀，学者们意见不一。高名凯持否定态度，吕叔湘、朱德熙、胡裕树等大多数学者认为汉语中存在数量有限的词缀。一般的词缀定义[①]是词中表达概念义（或称"实在意义""词汇义""基本义"）的部分是词根，意义虚化、在词中起改变概念义的附加作用和/或语法作用的部分是词缀。词根语素可以是自由的、不定位的，而词缀只能是黏着的、定位的。除词缀外汉语还有大量的"类词缀"或称"准词缀"。常提到的类词缀有"化、家、型、式、超、准、类、反"等。类词缀比词缀多，这被认为是汉语的一个特点。一般认为，类词缀的意义不像真词缀那么虚化，也不像词根那么实，虚实介于词缀和词根之

---

① 见高校选用的各种《语言学概论》《现代汉语》教科书。

间。但意义的虚实不好把握。① 外来词缀也属于类词缀,如迷你、吧、零等。这些外来词缀在进入汉语词汇系统时都经历了这样的变化:经过了音译或者意译;意义一定程度虚化。

程丽霞在《语言接触、类推与形态化》一文中对已被语法家承认的词缀做了统计,结果如表6.6所示②。

表6.6 汉语词缀数量百分比

	典型词缀	类词缀	确认的外来词缀	来源不明的词缀
数量/个	6	178	34	29
所占比例/%	33	96.7	18.5	15.8

王洪君、富丽在《试论现代汉语的类词缀》一文中根据大规模语料库的统计材料论证了类词缀是现代汉语的一个独立的、重要的单位类别,发现与词根相比,类词缀与词缀、助字一样具有单向高搭配性、结构类型个别化和类化作用的特点,意义也较词根明显泛化。与词缀、助字相比,类词缀主要与双音词和多音节词相配,而词缀只能与单音字和部分双音词相配,助字则是自由地与包括自由短语在内的所有单位层级相配。另外,类词缀类推潜能极强,与词缀明显不同。①

在词义理解和记忆方面,对外汉语词汇教学可以充分吸收词缀、类词缀的研究成果。

2. 利用隐喻构词方式进行词汇类推教学

认知语言学认为隐喻是人对客观世界的一种认知方式,是一种文化的反映。隐喻是语言中普遍存在的原则,是人以隐喻化的

---

① 王洪君,富丽. 试论现代汉语的类词缀 [J]. 语言科学,2005,4 (5):3-17.

② 程丽霞. 语言接触、类推与形态化 [J]. 外语与外语教学,2004 (8):53-56.

方式对世界进行知觉、理解的产物。语言是人们思维和认知的表达，人们首先认识具体事物，并创造出相应的词汇，当人们感知到具体事物与抽象事物之间的相似之处时，就借助它们来表达抽象的概念。所以隐喻大多是从具体范畴出发来映射抽象范畴的。

隐喻的形成是人类共同经验的反映，同时也和各国的文化传统、历史变迁、民族特点等密切相连，因此，既有共性，也有鲜明的个性。汉语中的隐喻，尤其是那些积淀着深厚民族文化的隐喻形式，成了汉语学习者特别是初级阶段汉语学习者的难点和障碍，不仅影响和制约着他们听说读写全面汉语能力的形成和提高，也影响着他们学习汉语的兴趣和积极性。

文化在语言中的反映方式之一就是借助隐喻赋予词汇以特殊的意义。这些具有言外之意的"隐喻"词汇和短语，教师有无法系统讲解的难处，学习者也很难系统掌握。如何使这些"隐喻性"词汇和短语的学习具有系统性？可行的办法是对这些词汇和短语的语源及其暗含的隐喻构词方式进行剥笋式的讲解，帮助学习者具备推断、理解这些语汇的能力。

汉语的隐喻性词汇系统非常庞大，教学中要注意选择。"大部分隐喻思维和语言都是在基本范畴等级上发展起来的，基本范畴词比其他范畴的词有更多的隐喻用法。"[1]

隐喻表现在语言中，是通过词汇意义体现出来的。王立杰、荣虹将词汇隐喻从意义上划分为以下几个领域[1]。

（1）人体及其器官的词汇隐喻类推

例如：

文体　本体　喻体　主体
山头　船头　车头　口头　眉头　韵头　鼻头

---

[1] 王立杰，荣虹. 汉语词汇中的隐喻形式 [J]. 天津商业大学学报，2006，26 (5)：66-70.

肩头　手指头　脚趾头　头目　头头儿
元首　首脑　首领　首犯　祸首
书眉　页眉　书目　眉目
针眼儿　泉眼儿　网眼儿　窟窿眼儿　心眼儿　字眼儿　虫眼儿
猫眼　诗眼　文眼　节骨眼儿
名嘴　国嘴　海口　碗口　瓶子口　木耳
脚脖子　山脊　屋脊　手背　韵腹　山腰　山脚
床脚　腿肚子
手心　脚心　眉心　中心　心房　心窝　心扉
心里　心中　心外　心田　心潮　心海　一条心
细心　心路　心弦　菜心
选手　老手　新手　国手　投篮手　二传手　射手
炮手　枪手　助手　副手　一把手　高手　行家里手
多面手　能手　左右手　黑手　扒手　凶手　杀手
刽子手　三只手　打手　对手　敌手　手足
国脚　大腕儿　软骨头

（2）颜色词的词汇隐喻类推

例如：

红：红事　红榜　红利　红包　红火　红人　眼红
　　红眼病　红军　红色政权　绿肥红瘦　红颜知己
　　红粉佳人
黑：黑市　黑枪　黑道　黑店　黑货　黑话　黑幕
　　黑心　黑手　黑白　黑名单　黑暗　黑帮
白：清白　空白　白饭　白开水　白搭　白费　白话
　　白吃　白给　白事　白区　白眼　白眼狼　白描
　　白手起家　真相大白　不白之冤　白色恐怖

（3）饮食味道词汇的隐喻类推

例如：

酸：穷酸　寒酸　辛酸　酸楚　尖酸刻薄　心酸
甜：甜美　甜蜜　甜头　甜言蜜语　先苦后甜
苦：命苦　困苦　痛苦　苦衷　苦头　苦闷　孤苦
　　清苦　穷苦　苦肉计　苦笑　苦思
　　嘴甜心苦　愁眉苦脸　苦口婆心　勤学苦练
　　一片苦心　煞费苦心　苦心研究
辣：辛酸　辛苦　辛勤　艰辛　泼辣　小辣椒
香：香甜　吃香　香饽饽　吃香的喝辣的

（4）方位词汇的隐喻类推

例如：
高：高明　高招　高兴　高级　高层　高贵　高风亮节
上：上策　上层　上级　蒸蒸日上
低：低沉　低能儿　低贱
下：下策　下层　下级　下贱　下人　低声下气　每况愈下
后：落后　后生　背后　走后门　幕后　后台
前：前卫　前辈　名列前茅

（5）成语、习语等词汇的隐喻类推

对于成语、惯用语等词汇的教学，可以充分利用其产生时的"隐喻"——是对事物本质特征的抽象，具有人类共通性的特点，让学生从已有经验进行类推理解。

例如：
狼心狗肺　贼眉鼠眼　鼠目寸光　骨瘦如柴　心花怒放
三心二意　多嘴多舌　七嘴八舌　孤掌难鸣　铁石心肠
柔情似水　火眼金睛　龙飞凤舞　狼吞虎咽　龙腾虎跃
有的放矢　守株待兔　拔苗助长　班门弄斧　虎视眈眈
虎口脱险　举手之劳　唾手可得　迫在眉睫　手到擒来
抓辫子　露一手　露马脚　伤脑筋　穿小鞋
母老虎　挖墙脚　捅马蜂窝　走后门　吃闭门羹

有后台　唱对台戏　唱独角戏　唱主角　唱高调
唱反调　跑龙套　炒鱿鱼
种瓜得瓜，种豆得豆
众人拾柴火焰高
磨刀不误砍柴工
天上不会掉馅饼
樱桃好吃树难栽

二、词汇类推教学应该注意的几个问题

（一）重视单音节词教学，教学时突出形音义的关系

1. 单音节词具有很强的能产力

单音节词是汉语词汇的原始状态，汉语词汇系统的核心。有研究者对《现代汉语词典》（1996）进行了统计，发现词典中有单音节词10 768条，双音节词（包括儿化词）40 146条，现代汉语词汇以双音节复合词为主，但其根词仍然以单音节为主。这些根词作为语素构成新词，具有极大的能产性。现代汉语的词汇系统，本质上是这些根词形成的同族词群的聚合体。

2. 单音节词是词汇书写的基本形式

一个单音节词就是一个汉字。

3. 单音节词是句法语义的基本单位

在汉语词汇系统中，字义和语义往往相互联结。

①以"字"定"词"，例如，发挥的"发"，装修的"装"；

②以"字"知"词"，例如，听到"减负"不知其意，看到就能推测；

③以"字"辨"词"，例如，致癌、治癌；反应、反映。

教学时还要突出形音义的关系。"在教学中有意识地进行部

首系联，可以提高学生对汉语词义网络系统的认知水平"①。张积家等的研究也发现，义符对汉字词语义提取有重要影响，当义符与词的类属一致时起促进作用，反应时间短，错误率也低。汉字形声字的义符有助于对汉语动作动词的动作器官和动作工具意义的认知。义符提供了重要的词的语法种类信息。长期使用汉字的人对义符更加敏感，在提取词的语义时，更能走由形及义的道路。在进行语音加工时更多地关注声旁。①

周有光（1979）认为汉字声旁的有效表音率为39%，但至少2/3的形声字的声符具有表音功能。利用声符系联一部分单音词，培养学生对表音偏旁示音作用的敏感，也是字词教学的重要策略之一。汉字的声旁示音，往往不是准确表音，而是"邻近示音"①。声符不仅有示音的功能，有些还有示源、示义的作用。例如：

"浅、钱、贱、笺、饯、栈、线"的声旁"戋"含义为：小
"清、晴、请、睛、精、婧、靓"的声旁"青"含义为：美

（二）合成词教学时突出语素分析原则

1979年，吕叔湘在《汉语语法分析问题》一书中将语素定义为"最小的语音语义结合体"，并将语素—词—短语—小句—句子五级单位引入了汉语语法研究。吕叔湘特别强调了语素的重要性，"讲西方语言的语法，词和句子是主要的单位，语素、短语、小句是次要的。讲汉语语法，由于历史的原因，语素和短语的重要性不亚于语词，小句的重要性不亚于句子"。②

张志公将汉语语素的特点归纳为两个方面③。

①一个语素是一个带调音节。虽然有一些例外的特殊情况，

---

① 周健，廖暑业. 汉语词义系统性与对外汉语词汇教学［J］. 语言文字应用，2006（3）：110－117.
② 吕叔湘. 汉语语法分析问题［M］. 北京：商务印书馆，1979.
③ 张志公. 谈汉语的语素［J］. 语言教学与研究，1981（4）：4－18.

但是一个带调音节,一个语素,这是基本的,是汉语区别于世界上其他语言的一个特征。

②汉语语素的自由性,或者非依附性。汉语语素单音节自由,在语言里很活跃,活动能量很大。汉语丰富、灵活、表现力强,语素的这个特点是一个重要基础。

苑春法、黄昌宁(1998)对语素数据库中的语素在构成合成二字词时意义发生变化的情况进行了研究。统计结果显示:语素在构成名词、动词、形容词时,语素义保持原来意义的比例分别为87.8%、93.2%、87.0%。[①] 语素义与其构成的二字复合词意义完全不同的主要是一些固定用语和表示药名、动植物名、地名等表示事物名称的词。

根据这个研究结果,在教学中可以把词汇分为两个部分。

1. 不适宜类推的词汇

主要包括:非语素结合义词汇;词义转化词汇。

讲授要领:讲授整体意义,不做语素分析,学生整体识记。

例如:

公主、巴结、银耳、钟头、口吃、细软

无赖、工事、烧卖、馄饨、葡萄、老板

2. 适宜类推的词汇

讲授中要帮助学习者从3个方向提取类推原型:从语素义提取;从旧词中提取;依赖语境提取,并帮助学习者判断语素组合关系。

合成词中的语素的结构类型体现了汉语中常见的语法结构关系,"在一定程度上甚至可以视为汉语语法结构关系的浓缩"[①],经过训练和讲解,学习者能够判断合成词中语素的组合关系,加

---

① 范春法,黄昌宁. 基于语素数据库的汉语语素及构词研究[J]. 世界汉语教学,1998(2):8–13.

强了语素组合关系的意识,也能深化对汉语语法的理解。

语素教学具有如下一些优点。

①语素教学是一种类推式教学,它需要学习者调动自身的推理、归纳能力,对词语的意义进行类推加工。这个过程是对词语进行深加工的过程。而对词语加工的水平和深度往往决定了词语的记忆效果。这种类推式的学习能够帮助学生将更多的短时记忆词料输入长时记忆。

②成人学习者的学习和记忆更为理性,对系统性和规律性的需求更为迫切。现有的词汇学习却常常忽略了这一点。以"语素"为汉语词汇学习网的一个个"结点"进行类推式学习,纵、横、上、下多维度地拓展词汇网络,符合成年学习者的学习规律,是尊重其学习特点和要求的。

③便于利用"元认知",培养学生的类推习惯和能力,培养"语素感",进而培养"词感"。利用学习者的元认知能力,引导和指导他们利用类推正面、积极的作用学习汉语,同时预测并发现学习过程中类推负面作用带来的影响,应该是学习者第二语言学习能力的重要方面。

心理学家 D. Ausebel 的"有意义学习理论"强调将新知识和旧经验相互联结,他认为影响学习的有 3 个重要因素:学习者的认知结构,即现有的知识数量有多大,是否清晰、明了、条理化;学习者在接受知识时在多大程度上把它和现有的认知结构相联系;学习者是否有意识地进行联系。把这一观点贯彻到对外汉语词汇教学中,可以分解为:帮助学习者建立科学合理的、多方面的汉语词汇类推学习体系;利用成人学习者惯于归纳和聚类的认知特点,利用一切教授、练习形式,进行类推式教学;运用语素法进行词汇的类推教学,要突出汉语构词规律,注重语素的分解和组合,帮助学习者了解语素义,按照汉语构词法散发式地、网络式地扩大词汇量。

另外，单一一种类推形式在教学中难以收到较好的效果，在词汇教学实践中要多角度、多层次地对类推加以综合运用。具体到每一个词的讲授，都可以采用一种具有个性的类推方法，努力帮助学习者在新知和已知、汉语知识和母语知识之间形成畅通的渠道，保证类推的顺利进行。

第四节　语法类推教学

语言是按照一定的结构规律组织起来的，这个规律就是语法。吕必松在《华语教学讲习》中提到："语法就是把词组织成词组、把词和/或词组组织成句子、把句子组织成语段、把语段组织成语篇的规则系统。"[①] 探讨句子或语段结构规律就要研究语法，同样，探讨对外汉语教学的规律，就要研究对外汉语的教学语法，找出语法点之间的排列规律，按照规律办事才是提高对外汉语教学水平和效率的正确途径。

一、对外汉语语法"认知—类推"教学模式的可行性

本书已在第三章中对汉语语法系统的内在类推性质进行了阐述。教师可以在语法教学中充分利用语法的内在类推性质，帮助学习者理解汉语的句法结构，形成对汉语语法系统的总体认识。本章主要从宏观上探讨"认知—类推"语法教学模式的建立，并论证其可行性。

行为主义语法教学理论和认知语法教学理论是语言学习的重要理论，对第二语言教学都具有重大影响和贡献。在第二语言教学中，行为主义教学理论至今仍占据着主导地位。其优势主要体现在如下方面。

---

① 吕必松. 华语教学讲习 [M]. 北京：北京语言大学出版社，1992.

立足于对外汉语教学的类推研究

第一,该理论提倡对语言进行高度提炼。通过对语言现象、语法规则的高度概括,第二语言学习者在学习中只需掌握最基本的句法表达式和语法结构式就能运用于语言实际。简单明了,效果突出。

第二,教师易于控制整个教学过程。这些高度概括的句法表达式和语法结构式离开了具体的语言环境,变成了具备可控性的语言形式,教师容易把握整个学习过程,学习者也易于模仿。

第三,教学效果明显。行为主义语法教学非常注重强化训练的开展,教师通过大量的类推练习帮助学习者巩固所学内容,在一个教学周期里,学习者具体掌握了多少句型是可以用数量直接标识的。这在很大程度上激发了学习者的成就动机,形成了积极的学习状态。

但正如一枚硬币的两面,行为主义语法教学也因其优势带来了问题——忽视了学习者的主观学习能力。行为主义语法教学认为,语言是习惯的产物,不断地刺激、模仿、重复就能获得语言习惯。

认知语法教学理论认为,语言不是一系列习惯的习得。语言使用者总是要根据实际语境的需要,适宜、合理、灵活地表达想要表达的东西,语言的使用也受能动性和创造性的驱使。认知语法教学理论认为,语言是一种受规则支配的、具有诸多可变因子的复杂体系,不是简单、固定不变的习惯体系。语言学习是一个有意识的、创造性的运用过程。在语言学习过程中,学习者仅仅掌握高度概括的句法表达式和语法结构式是远远不够的,要进一步对这些结构有认知性的理解和掌握,并在此基础上形成创造性的、能动性的运用。

以认知理论为基础的第二语言教学理论更加符合认知和学习的规律,但在语言实践中,也遇到了不少困难。

困难一:由于对句型和语法点的处理夹杂了很多主观内容,

不够简单明了,学习者在习得过程中遇到了障碍。

困难二:句型或语法点的可变因素多,意念性强的汉语尤其体现出这样的特点,即:一个语法现象,往往有多种认识和解释,使学习者对知识的可信度产生了怀疑。

困难三:实际语境中有很多难以控制和验证的要素。

如何借鉴上述两种教学模式的"利",同时抑制"弊"的影响呢?如何既使语法教学充满类推的理据性,同时又能发挥学习者的主观作用呢?本书接下来论述对"认知—类推"汉语语法教学模式的一些想法。

第二语言学习是一种有意义的控制性学习过程,也应该是一个积极的认知过程。"认知—类推"汉语语法教学模式应该突出以下特点。

(一)浸入熏陶和类推强化相结合

①开展语法教学前,教师对语法项目要进行认真的选择和细致的处理安排。这些语法项目应该具有最大类推价值,在语言实践中具有最大类推空间。

②在语法教学过程中,教师对语法项目的讲解要贯彻"精讲"原则,尽可能地压缩讲解时间。

③教师提供给学习者大量和语言交际密切相关的原始材料,让学习者进行有意义的类推强化练习。除此之外,还要鼓励学习者调动自己的联想和语料储备,对语法点进行类推尝试,在类推成功和类推失当的过程中,加深对语法点的认识,教师也可以在这一过程中发现偏误可能发生的环节,从而避免控制性类推练习形成的"掌握假象"。

(二)明晰呈现与深入理解相结合

①句法表达式和语法结构式可以高度概括的形式呈现给学习

者，但与此同时，要充分调动学习者已有的知识结构和思维能力，类比性地认识汉语语言结构及词语构成。帮助学习者理解语法结构、语义表达的内在理据，理解感知汉语为母语者语言使用的基本思维方式。

②教学中教师要提供足够的解释、说明及条件，对所教授的语法点或语法项目做出合理的、恰当的理据性分析和认知性解释，并做充分的、必要的演绎和推论。如可以利用前文阐释的汉语语法系统的临摹性特征解释汉语语序的若干规律等。这些都是对语言材料的深层处理。

简单明了的形式便于学习者理解、记忆、操练，深入的理据分析则进一步强化了学习者的记忆，为其在广阔的语言实践中准确使用这一形式奠定了基础。

（三）养成习惯和合理运用相结合

教师应为学习者提供大量的练习机会，帮助学习者形成对某一语法项目的使用习惯，形成"自动化"表达。这种练习应该突出语境条件，保证学习者的学习尽可能合理、正确。

二、语法类推教学的具体方案——语义分析教学法

郑超在《浅谈对外汉语教学中的语义分析法——从"动+补+宾"结构的表现形式和语义关系看语义教学》一文中说："语法教学在对外汉语教学中是至关重要的，教师往往通过总结其结构模式使学生掌握正确的表达方式。这种教学方式具有一定的局限性，主要在于留学生只是机械地模仿和套用其结构模式，因为不能理解其深层含义而出现这样或者那样的问题。事实上，语法结构和语义结构是表层和深层的关系，是形式和内容的关系，要想正确地表情达意，就必须了解包裹在外在形式下的内在含义，因此在教学中引入语义分析教学法是一个行之有效的方

式。语义分析教学法即采取对所授语法结构中的实词与实词之间的语义关系进行分析,使留学生体会结构和内容内在关联的教学方法。"① 郑超在文中具体地分析了"动词+趋向补语+宾语"的语义和结构关系。

首先,从词性和结构上把"动词+趋向补语+宾语"分成了3类。

第1类:及物动词+补语(不及物)+宾语

　　　　拿出笔　抬起头　打开了书包

　　　　穿上衣服　摘下帽子　讲起故事　打起电话

第2类:不及物动词+补语(及物)+宾语

　　　　走进教室　跑出学校

第3类:及物动词+补语(及物)+宾语

　　　　爬上山　住进留学生公寓　坐过了站　吃上了瘾

其次,进行了语义分析。

第1组:拿出笔　＝拿笔+笔出

　　　　抬起头　＝抬头+头起

　　　　穿上衣服＝穿衣服+穿上

　　　　摘下帽子＝摘帽子+摘下

　　　　讲起故事＝讲故事+讲起

　　　　打起电话＝打电话+打起

第2组:走进教室＝走+进教室

　　　　跑出学校＝跑+出学校

第3组:爬上山　＝爬山+上山

　　　　住进留学生公寓＝住留学生公寓+进留学生公寓

---

①　郑超. 浅谈对外汉语教学中的语义分析法——从"动+补+宾"结构的表现形式和语义关系看语义教学[J]. 北京化工大学学报:社会科学版,2006(3):47-49.

立足于对外汉语教学的类推研究

坐过了站 = 坐（省略的宾语）+ 过了站

吃上了瘾 = 吃（省略的宾语）+ 上了瘾

最后，对上述3组进行了语义关系的总结。

第1组概括为：动词宾语 + 动词补语（拿出笔 = 拿笔 + 笔出）。

第2组概括为：动词 + 补语宾语（走进教室 = 走 + 进教室）。

第3组概括为：动词宾语 + 补语宾语（爬上山 = 爬山 + 上山）。

在上述研究基础上，该书作者提出了语法教学中的几个原则。

原则1：认清教学对象的不同阶段，有所取舍地进行讲解。

第1组表达方式和第2组表达方式，学习者在初级阶段就会接触到，教师应依照教材进度，对语法点进行清晰讲解，用学生已经学过的词汇，大量列举例子，分析清楚，把公式化的结构展示给学生。

原则2：利用结构分析法，清晰地示例，让学生一目了然。

将分析的内容，用结构图清晰分解，也可以把一个句子从语义的角度分成2个句子。

原则3：通过恰当提问，由浅入深，讲练结合。

练习要选择生活中也能经常使用的内容，增加实践机会，巩固教学成果。

原则4：充分利用课外作业，发现普遍存在的问题，鼓励学生通过语义分析找出问题。①

三、运用类推法进行语法教学应该遵循的几个原则

（一）实用原则

对外汉语教学基本句型的确立主要应该依据学习者的实际需

---

① 郑超. 浅谈对外汉语教学中的语义分析法——从"动 + 补 + 宾"结构的表现形式和语义关系看语义教学 [J]. 北京化工大学学报：社会科学版，2006（3）：47 - 49.

要，因此，实用性原则当为根本原则。该原则主要体现在以下3个方面。

1. 常用

数量上，句型应在日常话语使用中所占比例偏高或占有相当比例；范围上，句型应是各种文体、各种人群、各个地方都在使用的常用句型；时间上要考虑句型使用的当代性和现实性。

固定格式的教学也应引起重视。陆俭明在《对外汉语教学与汉语本体研究的关系》① 一文中列举了如下15种固定格式。

(1) V 多少 V 多少

知道多少说多少。

要多少给多少。

(2) V1（O）的 V1（O），V2（O）的 V2（O）

扫地的扫地，擦窗户的擦窗户。

大家割的割，捆的捆，很快就把50亩地的麦子收割完了。

(3) ……，VO - V 的

他最近视力下降得很厉害，准是看电视看的。

她头发乱蓬蓬的，都是睡觉睡的。

(4) ……，X 就 X 在……

他错就错在不懂经营。

小王聪明就聪明在会借鸡生蛋。

(5) X1 + 一量词 + X2 + 一量词

你得看准了，别老是东一把凹一把，没有个准头儿。

只见他脸上青一块，紫一块。

(6) X 是 X，Y 是 Y

你是你，我是我。

---

① 陆俭明. 对外汉语教学与汉语本体研究的关系 [J]. 语言文字应用，2005 (1)：58-62.

人情是人情，生意是生意。

(7) ……V着也是V着，不如……

我最近闲着也是闲着，不如去你的店里帮帮忙。

这些书放着也是放着，不如你拿去看吧。

(8) V多少，就V多少

你吃多少就拿多少，可别浪费了。

这里的蘑菇你要多少就有多少。

(9) 连……带……

连本带利一共800元。

他连哄带骗把那个男孩儿抱走了。

(10) 爱V不V

他不理你？爱理不理！

就这饭，你爱吃不吃。

(11) NP + V1也V1了，V2也V2了，……

你说也说了，打也打了，还要怎么样？

你吃也吃了，喝也喝了，总该走了吧？

(12) V一量词O也V不A

你看她，写一个字也写不好。

吃顿饭也吃不安宁。

(13) 一VV了+数量成分

她一买买了一大堆。

一说说了两个小时。

(14) NP + V也得V，不V也得V

你收也得收，不收也得收。

你既然开了价了，你买也得买，不买也得买。

(15) 别NN的

你们可别主任主任的，我姓刘，大家就叫我小刘吧。

别大哥大哥的，谁是你的大哥？

陆俭明认为:"这些格式如果我们不研究,不把这些格式所表示的语法意义以及它们的用法告诉留学生,留学生是不了解的,更不会去用。而且,也很难从工具书上找到现成的答案。"①

2. 规范

语法项目要概括、典型,有利于学习者进行举一反三的类推学习。要避免规则的过分概括,规则下还要有细则,努力讲清具体的用法。

3. 价值

价值性主要体现在:提供给学习者最适合他们学习需要的句型;选择那些对于第二语言学习者来说最容易发生偏误的部分,讲解其基本性和常用性内容;讲清使用上的适用条件和限制条件。

陆俭明认为英语区学习者的语法难点主要有这样一些②:①是非问句;②形容词谓语句;③数量表达中量词的使用;④动补结构;⑤重动结构,如"看书看得很认真""玩儿扑克玩儿到夜里两点";⑥主谓谓语句;⑦动词重叠式的使用。

(二) 简化原则

"从事对外汉语语法教学首先就要经历这种在深入研究汉语语法本体的前提下反复咀嚼和内化的过程,使所教内容科学地浅化和简化,这是建立和体现对外汉语语法教学体系的第一步,也是最重要的一步。"③

---

① 陆俭明.对外汉语教学与汉语本体研究的关系[J].语言文字应用,2005(1):58-62.

② 陆俭明."对外汉语教学"中的语法教学[J].语言教学与研究,2000(3):1-8.

③ 卢福波.对外汉语教学语法的体系与方法问题[J].汉语学习,2002(2):51-57.

立足于对外汉语教学的类推研究

1. 简化语法内容

在给学生的汉语水平分出层级后,就要按层级水平对语法项及语法项内的范围进行取舍。以中级水平为例,在进行"把"字句讲解的时候,只需要注重以下关于"把"字句的3个方面的内容就可以了。

①最基本的意义:处置意义;

②最基本的形式:把+名词性成分+动词+其他;

③最基本的使用条件:"处置"的含义。

有特殊用法的"把"字句及有特殊意义的"把"字句,如"把东西一放""把个眼镜弄坏了"等,教师应该避免提及,不应给学习者带来学习干扰,影响他们对基础用法和意义的掌握。

2. 简化讲解方式和过程

在汉语语法中,很多项目已经有了明确的解释和归类,但是讲解起来却仍然非常困难。《现代汉语八百词》用了近9页(第351页至第358页)解释"了"的用法,对于教授者来说,读懂读透这些解释尚且需要时间,学习者学习的难度更可想而知。对外汉语语法教学因此对教师提出了更高的要求:用浅显的语言把深入的语法研究内容讲解清楚。教师还要少用术语、少讲定义,将繁复的、抽象的语法内容做简捷的、浅明的、感性的、条理的、图示的等教学处理。没有对汉语语法本体深入细致的研究,就不可能有这种"深入浅出"。

(三) 类比原则

成人学习者的汉语语法学习总是在比较、类推中进行的。利用学习者的学习特点,将对比贯彻教学环节的始终,有利于最大限度地减少类推的负面作用,避免类推过度的发生。对比可以在如下范围内开展。

第六章 利用类推法进行对外汉语教学的实践研究

1. 汉语—汉语之间的对比

在汉语的词、格式、语法、使用条件中,有很多外国学习者认为相近的现象。特别是对于中、高级阶段的学习者来说,汉语学习常常发生在对语言内容的细化处理上。"'他看京戏去了'和'他去看京戏了',前者是'VP+去',后者是'去+VP',二者意思似乎差不多。那么'VP+去'和'去+VP'是不是能任意换着说?如果不能,什么情况下该用'VP+去'的说法?什么情况下该用'去+VP'的说法?学生很需要知道,应该跟他们讲讲。再譬如,'拿出来一本书'(A式),有时也可以说成'拿出一本书来'(B式),有时还可以说成'拿一本书出来'(C式)。这A、B、C三式是否可以任意换着说?如果不能,那么A、B、C三式在使用上有什么规则和条件?学生很需要了解这方面的知识,老师需要跟他们讲讲。"[①]

强调汉语区间内部的对比,可以避免学习过程中目的语内部过度类推现象的发生;培养习得者区别异同的能力;对相近现象的处理也是一种深层加工方式,会强化学习者的记忆。

2. 汉语—学习者母语之间的对比

一方面,借助语言之间的相似,发挥类推的正面积极作用,学习者可以简易地掌握汉语和母语相对应的语言项目;另一方面,通过两个语言系统相异处的对比,可以深化学习者对汉语的认识。

3. 汉语正误形式的对比

"错误"具有偶然性,属于语言运用范畴;"偏误"则具有系统性,属于语言能力范畴。"偏误"现象是学习者语言系统的一个组成部分,是学习者积极地对语言体系进行判断、对语言材

---

① 陆俭明. "对外汉语教学"中的语法教学[J]. 语言教学与研究,2000(3):1-8.

料进行归纳并试图使之规范的创造性的语言活动。在语法教学中,要充分利用负面证据的激活作用,成规律、成系统地解决学习中的偏误问题。

教师可以让学习者自己探索正误形式之间的区别,探索正确形式的使用条件,这种探索可以循序渐进、剥笋式地进行,有利于形成稳定的类推原型和类推模式。

结　语

本书共分为6章进行阐述，尽力对对外汉语教学中的类推现象和类推方法进行了研究。

第一章对类推的定义、性质、研究历史、研究意义进行了阐释和梳理，认为在学习者习得汉语的过程中，类推不当是难免的，同时又是要尽可能避免的，这一看似矛盾的命题的解决需要对类推发生的机制、限定条件、类推源的选择、类推方法的使用等方面进行深入的研究。

第二章从教法、学法、教材3个角度出发，研究了类推在当前对外汉语教学中的应用，通过对语法、汉字、口语、阅读4类15部教材中类推性练习形式、数量等使用情况的统计分析，得出了类推性练习在对外汉语教学分科教学中的分布情况：类推性练习是阅读类课程采用的主要练习手段，可能和汉字及词语的认知在阅读课程中的重要地位相关；类推性练习是语法类和汉字类教程采用的基本练习手段，可能和语法本身具有的规律性及可类推性相关，与汉字丰富的内在类推性质相关；类推性练习是口语课程采用的一般练习手段，可能与口语练习需要较多地依赖交际环境进行、可变因素过多相关。

第三章从语音、汉字、词汇、语法4个方面出发，对汉语作为第二语言习得的内在类推性质即利用类推法进行对外汉语教学的理据逐一分析，认为汉语的语音、汉字、词汇、语法具有很强的理据性，这种理据性的体现之一就是汉语的语音系统、词汇系统、语法系统、汉字系统呈现出很强的内在类推性质。对汉语系统内在类推性质的认识和理解，可以帮助我们有效地设计利用类推法进行各项教学的具体方案。

第四章提出了在教法、学法、教材3个方面运用类推法进行对外汉语教学的若干原则，强调要注重基本项目的教学、重视所学项目的类推空间、重视类推源的选择和确定、重视类推条件的选择限制。在这些基本原则的基础上，本章对对外汉语教学的实践性方面进行了探讨，提出了语音类推教学、汉字类推教学、词汇类推教学、语法类推教学的若干教学方案，指出了教学方案实施过程中应该注意的问题。

第五章讨论了对外汉语教学中的过度类推现象，认为过度类推和类推不当的存在具有必然性：语言系统本身是一个相对平衡又不断变化的"亚稳体"，以语言材料为类推原型，以此获得对新的语言材料的认识，是在相对平衡中寻找规律，过程和结论当然不会是绝对的。在语言的延伸段和交叉段中，有看不到的语言中处于下位的个性，正是这些个性的存在，使语言运动的情况不能无穷无尽地类推。虽然过度类推和类推不当是对外汉语教学中大量偏误产生的根源，但过度类推是人们深刻认识语言偏误的途径和方法，也是研究发挥类推正面作用的途径。类推的出发点是两个或者两类事物的相同点或者相似点。"相似"不是一个精确的概念，对"相似"判断的本身就或多或少地带有了主观性和随意性。类推对象方面和层次的不同，类推使用者背景知识、类推目的、概括能力等的不同，使类推难以建立严格的推理规则，结论相对于前提具有较大的自由度。也正是因为自由度高，类推具有了很强的创造性。类推的过程是人类大脑累积信息的碰撞过程、交汇过程、融合过程、复制过程和再生过程，是一个思维创新的过程。类推法的有效使用正是在规则性和创造性之间寻求平衡，过度类推可以变为学习者积极学习策略的一部分。

第六章探讨了利用类推法进行对外汉语教学的实践研究，其中，有一部分类推问题本书未做探讨或探讨得不够深入。

一是汉语语用、文化领域的类推研究。除了语音、语法、词汇、汉字的类推问题外，学生容易出现类推不当，教授者要专门说的，往往和语言文化关系密切。民族语言是民族文化的一种，语言是人类最重要的文化环境。文化对语言的制约主要体现在表达方式和表达范围两个方面，文化之间的差异，在语言中都会留有痕迹。不同的语言，词形、词义的关系不同，词义中的文化意义不同，词义与文化共同演化的历史和规律不同，词义的引申规律也不同。如在汉语中，人际交往方面的词汇和用法限制较多、标记性强。英语中询问一个人的年龄时不用考虑对方的年龄特征，无论男女老少都可以用"How old are you"来表达，而用汉语在询问时一定要看对方的大致年龄，对10岁以下的儿童，要问"你几岁了"；对估计有10多岁的儿童，要问"你十几了"；对成年人，要问"你多大了"；对老年人或长辈，要问"您多大年纪了"。此类问题，英语国家学习者不易掌握，常常误用。在汉语学习中，学习者不仅想说出语法正确的句子，还希望用这样的句子去进行交际，了解具有具体意义的语言的使用环境，并通过类推在正确的语境中学会使用它。

二是学习者学习汉语过程中主动类推意识的认识和培养问题。越来越多的研究者强调学习者主体特性在语言学习中的作用，认为大部分的迁移都不是自动发生的，需要学习者的主动意识及高级的认知加工能力的参与。主动类推意识实际上就是学习者元认知的自我调节控制的一种表现。这种主动的自我调控，可以提高学习者头脑中已有的汉语学习经验。有效的学习者能够明确地意识到类推在汉语学习中的重要性，并且有强烈的内部动机促使其使用类推学习方法。具体表现在类推机会出现时，主动、恰当地提取有关的汉语学习经验或可利用的资源，并能灵活运用这些经验或资源。对汉语学习者的主动类推意识我们认识得还不够深入，培养问题也需要进一步探索。

三是学习策略的类推问题。本书对在对外汉语教学中运用类推法进行具体教学实践活动论述较多，而事实上，在对外汉语教学过程中，类推不仅以"有形"的学习方法、教授方法、练习方法的形式存在，也以"无形"的，诸如教学策略对习得过程的影响等形式存在。举例来说，如果学习者形成了"即使不够准确，对方也可以听懂"的交际策略，并产生了依赖，就会将这种交际策略不断地类推到每一次的交际实践中。这种语言心理的类推效应产生的后果就是学习者对语法点学习的轻视。

本书缺憾很多。最为明显的是为了对对外汉语教学中的类推现象和类推方法有一个全面的描述和认识，全书每个章节基本都是从语音、汉字、词汇、语法4个层面展开论证和论述的。这样做，从正面的效果看，是努力搭建了一个立足于对外汉语教学的类推研究的大框架，不足和欠缺的是对每一部分的认识和描述都不够充分和深入，理论上尚显薄弱。这些都是以后继续学习、研究和修正的空间。

参考文献

[1] 蔡满园. 语言学中的类推机制——兼论英语词汇屈折演化的动因[J]. 山西煤炭管理干部学院学报, 2008, 21 (3): 78-79.

[2] 曹聪孙. 论类推法在语言和语言学中的作用[J]. 天津师范大学学报:自然科学版, 1985 (4): 90-94.

[3] 曹强. 试论类推机制在汉语语音史研究中的作用[J]. 渭南师范学院学报, 2008, 23 (3): 21-23.

[4] 曹文. 汉语语音教程[M]. 北京:北京语言大学出版社, 2002.

[5] 常金锁. 对外汉语教学中词汇问题初探[J]. 长安学刊:哲学社会科学版, 2012 (4): 29-30.

[6] 陈国亭. 语法规则的类推机制与类推失灵的逻辑阐述[J]. 外语学刊, 2001 (3): 97-101.

[7] 陈慧, 王魁京. 外国学生识别形声字的实验研究[J]. 世界汉语教学, 2001 (2): 75-80.

[8] 陈俊羽. 关于建立语素教学的几点意见[J]. 云南师范大学学报:对外汉语教学与研究版, 2006, 4 (6): 28-31.

[9] 陈原. 现代汉语定量分析[M]. 上海:上海教育出版社, 1989.

[10] 程丽霞. 语言接触、类推与形态化[J]. 外语与外语教学, 2004 (8): 53-56.

[11] 程美珍, 赵金铭. 基础汉语语音教学的若干问题[A]//赵金铭, 孟子敏. 语音研究与对外汉语教学. 北京:北京语言大学出版社, 1997.

[12] 崔永华, 陈小荷. 影响非汉字文化圈汉语学习者汉字学习因素的分析[J]. 海外华文教育, 2000 (1): 50-53.

[13] 戴浩一. 时间顺序和汉语的语序[J]. 国外语言学, 1988 (1): 10-20.

[14] 戴会林. 对外汉语教学中的词类偏误研究综述 [J]. 宿州教育学院报, 2006, 9 (3): 109-111.

[15] 邓卫新, 安志烁. 汉字形、音、义的认知过程与识字教学 [J]. 现代语文: 语言研究, 2006 (11): 109-110.

[16] 杜丽荣. "系联法"对外汉字教学研究 [J]. 西南民族大学学报: 人文社科版, 2004, 25 (7): 418-422.

[17] 冯丽萍. 汉字认知规律研究综述 [J]. 世界汉语教学, 1998 (3): 97-103.

[18] 干红梅. 浅析汉语作为第二语言习得中的泛化性偏误 [J]. 云南师范大学学报: 对外汉语教学与研究版, 2005, 3 (1): 56-59.

[19] 高惠宁. 对外汉语传授的联想法与汉字构意关系探讨 [J]. 山东理工大学学报: 社会科学版, 2006, 22 (5): 78-80.

[20] 高立群. 外国留学生规则字偏误分析——基于中介语语料库的研究 [J]. 语言教学与研究, 2001 (5): 55-62.

[21] 郭铭华. 论母语在外语课上的作用 [J]. 外语与外语教学, 2002 (4): 24-27.

[22] 江青松. 论语言类推的实现 [J]. 语文学刊, 2003 (3): 55-56.

[23] 江新, 赵果. 初级阶段外国留学生汉字学习策略的调查研究 [J]. 语言教学与研究, 2001 (4): 10-17.

[24] 姜丽萍. 基础阶段留学生识记汉字的过程 [J]. 汉语学习, 1998 (2): 46-49.

[25] 姜同绚. 类推机制视角下的新词语论略 [J]. 现代语文: 语言研究, 2007 (6): 44-46.

[26] 金立鑫. 对一些普遍语序现象的功能解释 [J]. 当代语言学, 1999 (4): 38-43.

[27] 靳洪刚. 语言获得理论研究 [M]. 北京: 中国社会科学出版社, 1997.

[28] 梁改萍, 冯小钉. 标记性及其在母语迁移中的作用 [J]. 平原大学学报, 2006, 23 (6): 97-100.

[29] 刘若云. 对外汉语初级班第三声的类推法教学 [J]. 逻辑学研究,

2006, 26 (9): 117 – 118.

[30] 刘珣. 对外汉语教育学引论 [M]. 北京: 北京语言大学出版社, 2000.

[31] 刘元根. 汉字对先秦类推方法的影响 [J]. 云南社会科学, 2003 (5): 113 – 116.

[32] 罗立胜, 张宵宵, 王立军. 试论"过度类推"观点与"过度类推"现象 [J]. 外语教学, 2006, 27 (2): 48 – 50.

[33] 黎天睦. 汉语词序和词序变化 [J]. 外国语言学, 1981 (4): 3 – 9.

[34] 李宝贵. 汉语语法的理据性与对外汉语教学 [J]. 汉语学习, 2004 (5): 64 – 71.

[35] 李大遂. 简明实用汉字学 [M]. 北京: 北京大学出版社, 1993.

[36] 李大遂. 汉字的系统性与汉字认知 [J]. 暨南大学华文学院学报, 2006 (1): 18.

[37] 李大忠. "使"字兼语句偏误分析 [J]. 世界汉语教学, 1996 (1): 77 – 80.

[38] 李大忠. 偏误成因的思维心理分析 [J]. 语言教学与研究, 1999 (2): 110 – 119.

[39] 李光梅. 认知语言学对隐喻的诠释 [J]. 玉林师范学院学报, 2006, 27 (4): 55 – 58.

[40] 李国南. 辞格与词汇 [M]. 上海: 上海外语教育出版社, 2001.

[41] 李如龙, 吴茗. 略论对外汉语词汇教学的两个原则 [J]. 语言教学与研究, 2005 (2): 41 – 47.

[42] 李仕春. "类推"在汉语新词语产生和流传中的作用 [J]. 语文学刊, 2005 (9): 23 – 25.

[43] 李遐. 谈语义分类在对外汉语教学中的运用 [J]. 现代语文: 语言研究, 2006 (3): 103 – 105.

[44] 李雪平. 从历时角度论述语法发展中的普遍规律 [J]. 佳木斯大学社会科学学报, 2007, 25 (6): 145 – 146.

[45] 李燕, 康加深, 魏励, 等. 现代汉语形声字研究 [J]. 语言文字应用, 1992 (1): 74 – 83.

[46] 李宇明. 理论语言学教程 [M]. 武汉：华中师范大学出版社，2000.
[47] 林焘. 语音研究和对外汉语教学 [C] //第五届国际汉语教学研讨会论文选. 北京：北京大学出版社，1997.
[48] 林齐倩，何薇，姚晓琳. 魔力汉语——中级汉语口语 [M]. 北京：北京大学出版社，2006.
[49] 刘慧. 从学生认知的特点看对外汉语教学 [J]. 辽宁教育行政学院报，2006，23（9）：73－74.
[50] 刘珣. 对外汉语教育学引论 [M]. 北京：北京语言大学出版社，2007.
[51] 鲁川. 汉语的根字和字族——面向知识处理的汉语基因工程 [J]. 汉语学习，2003（3）：1－10.
[52] 鲁川，王玉菊. 汉字"示音度"的定量研究——浅谈汉语研究中的"家族论" [J]. 汉语学习，2005（3）：3－10.
[53] 卢福波. 对外汉语教学语法的体系与方法问题 [J]. 汉语学习，2002（2）：51－57.
[54] 卢福波. 对外汉语教学基本句型的确立依据与排序研究 [J]. 语言文字应用，2005（4）：84－86.
[55] 卢福波. 语法教学的基本原则与操作方法 [J]. 语言教学与研究，2008（2）：24－31.
[56] 陆俭明. "对外汉语教学"中的语法教学 [J]. 语言教学与研究，2000（3）：1－8.
[57] 陆俭明，沈阳. 汉语和汉语研究十五讲 [M]. 北京：北京大学出版社，2004.
[58] 陆俭明. 对外汉语教学与汉语本体研究的关系 [J]. 语言文字应用，2005（1）：58－62.
[59] 吕必松. 华语教学讲习 [M]. 北京：北京语言大学出版社，1992.
[60] 吕必松. 汉字与汉字教学研究论文选 [M]. 北京：北京大学出版社，1999.
[61] 吕叔湘. 汉语语法分析问题 [M]. 北京：商务印书馆，1979.
[62] 吕叔湘. 吕叔湘语文论集 [M]. 北京：商务印书馆，1983.

[63] 马庆株. 结构、语义、表达研究琐议——从相对义、绝对义谈起 [J]. 中国语文, 1998 (3): 173-180.

[64] 孟琮, 郑怀德, 孟庆海, 等. 汉语动词用法词典 [M]. 北京: 商务印书馆, 1999.

[65] 孟凯. 留学生反义属性词的类推及其成因 [J]. 汉语学习, 2009 (1): 89-96.

[66] 亓华. 韩国留学生自我介绍文的"中介语篇"分析 [J]. 语言文字应用, 2006 (S2): 98-101.

[67] 猴瑞隆. 认知分析与对外汉语示形量词教学——对外汉语量词教学个案研究系列之一 [J]. 云南: 云南师范大学学报: 对外汉语教学与研究版, 2006, 4 (3): 14-18.

[68] 申东月, 伏学凤. 汉日辅音系统对比及汉语语音教学 [J]. 语言文字应用, 2006 (S2): 2-5.

[69] 施家炜. 外国留学生22类现代汉语句式的习得顺序研究 [J]. 世界汉语教学, 1998 (4): 77-98.

[70] 施正宇. 现代形声字形符表义功能分析 [J]. 语言文字应用, 1992 (4): 76-83.

[71] 石永珍, 陈曦. 隐喻类推的跨域重组与英汉词义变化 [J]. 山西大学学报: 哲学社会科学版, 2008, 31 (1): 36-88.

[72] 石毓智. 语法的形式和理据 [M]. 江西: 江西教育出版社, 2001.

[73] 孙德金. 外国留学生汉语"得"字补语句习得情况考察 [J]. 语言教学与研究, 2002 (6): 42-50.

[74] 孙德金. 语法不教什么——对外汉语语法教学的两个原则问题 [J]. 语言教学与研究, 2006 (1): 7-14.

[75] 孙德坤. 外国留学生现代汉语"了·le"的习得过程及初步分析 [J]. 语言教学与研究, 1993 (2): 65-75.

[76] 孙艳. 试论类推机制在汉语新词语构造中的作用 [J]. 西北师范大学学报: 社会科学版, 1998 (2): 89-93.

[77] 孙增慧, 任宇红. 类推在二语习得中实现的理据及其意义 [J]. 沧州师范学院学报, 2006, 22 (4): 90-91.

[78] 汪琦. 中级欧美留学生汉字学习的实验研究 [D]. 北京: 北京大学, 2003.

[79] 王安红, 陈明, 吕士楠. 基于言语数据库的汉语音高下倾现象研究 [J]. 声学学报, 2004 (4): 353-358.

[80] 王安红. 汉语声调特征教学探讨 [J]. 语言教学与研究, 2006 (3): 70-75.

[81] 王洪君, 富丽. 试论现代汉语类词缀 [J]. 语言科学, 2005, 4 (5): 3-17.

[82] 王洪君. 从本族人语感看汉语的"词"——评王立《汉语词的社会语言学研究》[J]. 语言科学, 2006, 5 (5): 107-110.

[83] 王立杰, 荣虹. 汉语词汇中的隐喻形式 [J]. 天津商业大学学报, 2006, 26 (5): 66-70.

[84] 王宁. 汉字构形学讲座 [M]. 上海: 上海教育出版社, 2002.

[85] 王玉鼎. 论汉语词语的类推变化 [J]. 西北大学学报: 哲学社会科学版, 2003, 33 (1): 118-122.

[86] 吴娟娟. 汉语作为第二语言教学中的副词研究综述 [J]. 现代语文: 语言研究, 2006 (4): 111-112.

[87] 吴晓春. FSI 和 CET 学生认字识词考察 [J]. 首都师范大学学报: 社会科学版, 2000 (S3): 131-135.

[88] 邢福义. 汉语特点面面观 [M]. 北京: 北京语言大学出版社, 1999.

[89] 许菊. 标记性与母语迁移 [J]. 解放军外国语学院学报, 2004, 27 (2): 47-52.

[90] 徐烈炯, 程雨民, 许国璋, 等. 生成语法理论 [M]. 上海: 上海外语教育出版社, 1988.

[91] 徐通锵. 语言论——语义型语言的结构原理和研究方法 [M]. 长春: 东北师范大学出版社, 1997.

[92] 徐子亮. 对外汉语教学理论研究的新思路——对外汉语教学认知规律的探索 [J]. 世界汉语教学, 1998 (2): 50-55.

[93] 薛水明. 教学中应注意英语汉语的异同 [J]. 文教资料, 2006 (36): 165-166.

[94] 闫小斌. 历史比较语言学新语法学派理论的影响 [J]. 内蒙古农业大学学报：社会科学版, 2007, 9 (5)：349-351.

[95] 杨冰郁, 石凯民. "系联法"对外汉字教学初探 [J]. 延安职业技术学院学报, 2001, 22 (4)：45-48.

[96] 杨惠元. 汉语听力说话教学法 [M]. 北京：北京语言大学出版社, 2002.

[97] 杨寄洲. 汉语教程·第二册·上 [M]. 北京：北京语言大学出版社, 2006.

[98] 杨寄洲. 汉语教程·第二册·下 [M]. 北京：北京语言大学出版社, 2006.

[99] 杨寄洲. 汉语教程·第三册·上 [M]. 北京：北京语言大学出版社, 2006.

[100] 杨寄洲. 汉语教程·第三册·下 [M]. 北京：北京语言大学出版社, 2006.

[101] 杨翼. 高级汉语学习者的学习策略与学习效果的关系 [J]. 世界汉语教学, 1998 (1)：89-94.

[102] 姚小平. 洪堡特：人文研究和语言研究 [M]. 北京：外语教学与研究出版社, 1995.

[103] 尹海良, 桑哲. 对外汉语教学中的词缀问题 [J]. 西华师范大学学报：哲学社会科学版, 2009 (1)：69-73.

[104] 于根元. 应用语言学教程 [M]. 北京：华语教学出版社, 2008.

[105] 于根元. 应用语言学的历史及理论 [M]. 北京：商务印书馆, 2009.

[106] 余文青. 留学生使用"把"字句的调查报告 [J]. 汉语学习, 2000 (5)：49-54.

[107] 喻江. 声调教学新教案 [J]. 语言教学与研究, 2007 (1)：77-81.

[108] 苑春法, 黄昌宁. 基于语素数据库的汉语语素及构词研究 [J]. 世界汉语教学, 1998 (2)：8-13.

[109] 张博. 反义类比构词中的语义不对应及其成因 [J]. 语言教学与研

究，2007（1）：47-51.

[110] 张惠芬. 汉字教学及教材的编写［C］//语言文化教学研究集刊（二）. 北京：华语教学出版社，1997.

[111] 张惠芬. 张老师教汉字·汉字识写课本［M］. 北京：北京语言大学出版社，2005.

[112] 张金忠. 语言的类推机制与俄语教学［J］. 黑龙江高教研究，2008（3）：161-162.

[113] 张静."雷格瑞事件"引出的知识论问题［C］//清华社会学评论（第二辑）. 北京：中国友谊出版公司，2001.

[114] 张积家，刘丽虹，谭力海. 语言关联性假设的研究进展——新的证据与看法［J］. 语言科学，2005，4（3）：42-56.

[115] 张凯. 汉字构词基本字的统计分析［J］. 语言教学与研究，1997（1）：43-52.

[116] 张普. 现代汉语独字音节说［C］//第四届国际汉语教学讨论会论文选. 北京：北京语言大学出版社，1995.

[117] 张婷. 中介语理论研究概述——兼谈对对外汉语教学的启示［J］. 现代语文：语言研究，2006（1）：97-99.

[118] 张晓芒. 中国古代的类推思想与中国古代宗族社会［J］. 中国哲学史，2003（2）：73-78.

[119] 张晓芒. 类推论辩中的非逻辑因素影响［J］. 佳木斯大学社会科学报，2004（2）：104-106.

[120] 张宇晨. 论母语在外语教学中的利用和控制使用［J］. 语文学刊，2006（24）：179-180.

[121] 张洋. 对外汉语教学中本族语的运用［J］. 语言文字应用，2006（S2）：109-111.

[122] 张云秋，王馥芳. 概念整合的层级性与动宾结构的熟语化［J］. 世界汉语教学，2003（3）：46-51.

[123] 赵金铭. 简化对外汉语语音教学的可能与依据［J］. 语言教学与研究，1985（3）：74.

[124] 赵金铭. 对外汉语语法教学的三个阶段及其教学主旨［J］. 世界汉

语教学,1996(3):76-86.
[125] 赵金铭,孟子敏.语音研究与对外汉语教学[M].北京:北京语言大学出版社,1997.
[126] 赵金铭.外国人语法偏误句子的等级序列[J].语言教学与研究,2002(2):1-9.
[127] 赵金铭.汉语作为第二语言教学:理念与模式[J].世界汉语教学,2008(1):93-107.
[128] 赵金铭.附丽于特定语言的语言教学法[J].世界汉语教学,2014(4):554-565.
[129] 赵艳芳.认知语言学概论[M].上海:上海外语教育出版社,2000.
[130] 赵元任.汉语口语语法[M].北京:商务印书馆,1979.
[131] 赵元任.语言问题[M].北京:商务印书馆,1980.
[132] 郑超.浅谈对外汉语教学中的语义分析法——从"动+补+宾"结构的表现形式和语义关系看语义教学[J].北京化工大学学报:社会科学版,2006(3):47-49.
[133] 周健,廖暑业.汉语词义系统性与对外汉语词汇教学[J].语言文字应用,2006(3):110-117.
[134] 周建国.类推与植入:一种社会研究方法论探讨[J].上海交通大学学报:哲学社会科学版,2006,14(3):29 34.
[135] 周卫华.从中文信息处理的角度看动宾语义关系的分类[J].湖北社会科学,2007(5):137-139.
[136] 朱良好.论诠释学视域下的类推理论[J].昆明理工大学学报:社会科学版,2008(9):12-16.
[137] 朱其智,周小兵.语法偏误类别的考察[J].语言文字应用,2007(1):111-118.
[138] 朱育华.英汉语言对比对大学英语教学的启示[J].文教资料,2006(28):128-129.
[139] 邹韶华.论语言规范的理性原则和习性原则[J].语言文字应用,2004(1):16-25.

[140] 百岁老人周有光答客问[N]. 中华读书报, 2005-01-22.
[141] 康德拉绍夫. 语言学说史[M]. 武汉: 武汉大学出版社, 1985.
[142] 艾德华·H. 列维. 法律推理引论[M]. 庄重, 译. 北京: 中国政法大学出版社, 2002.
[143] 马丁·韦德尔. 外语教学与学习——理论与实践[M]. 刘润清, 译. 北京: 高等教育出版社, 2001.
[144] 费尔迪南·德·索绪尔. 普通语言学教程[M]. 高名凯, 译. 北京: 商务印书馆, 2001.
[145] W.F. 麦基. 语言教学分析[M]. 北京: 北京语言学院出版社, 1990.